ULRICH TIMM
DER WINTERGARTEN
WOHNRÄUME UNTER GLAS

Optimal planen.
Klimagerecht bauen.
Wirkungsvoll bepflanzen.

UNTER MITARBEIT VON DIPL.-ING. MARKUS LAMPE, KOPENHAGEN

„Es liegt ein wunderbarer Reiz darin, mitten im Winter die Fenster
des Salons öffnen zu können und statt der rauhen Dezember- oder
Januarluft einen milden, balsamischen Frühlingshauch zu fühlen.
Es regnet vielleicht draussen, oder der Schnee fällt vom schwarzen
Himmel in stillen Flocken herab, man öffnet die Glastüre und befin-
det sich in einem irdischen Paradies, das des Winterschauers spot-
tet. Ein Schritt führt uns von Paris in einen tropischen Garten..."
ÜBER DEN WINTERGARTEN DER MATHILDE BONAPARTE IN PARIS, ETWA 1850

CALLWEY

GARY ROGERS. HAMBURG

PICTURE PRESS, HAMBURG/R. C. STRATMANN

ULRICH TIMM
DER WINTERGARTEN
WOHNRÄUME UNTER GLAS

7 DIE ANFÄNGE

13 DIE BEGRIFFE

17 OPTIMAL PLANEN
18   Der Wintergarten als nachträglicher Anbau
22   Glasarchitektur im Neubau
28   Passive Solararchitektur
34   Probleme erkennen und vermeiden
38   Die richtige Wahl
42   Planung des Wintergartens
47   Baugenehmigung

49 KLIMAGERECHT BAUEN
50   Konstruktion
52   Materialien und Werkstoffe
54   Glas und Verglasung
60   Technische Ausstattung
62   Beschattung und Sonnenschutz
66   Be- und Entlüftung
68   Heizungstechnik
70   Ausbau und Einrichtung
72   Die Ausführung
73   Wartung des Wintergartens

75 WIRKUNGSVOLL BEPFLANZEN
76   Die Bepflanzung
82   Die Pflege
83   55 bewährte Pflanzen

99 BEISPIELHAFTE WINTERGÄRTEN
100   35 Projekte

192 ANHANG
192   Literatur-, Hersteller-, Bildnachweis, Register

◁ Ein Wintergarten verbindet Wohn- und Gartenräume besonders harmonisch, erlaubt ein angenehmes Leben im Grünen fast zu jeder Jahrezeit. Dieses Glashaus aus schlanken Stahlprofilen ließ die englische Designerin Anna French für sich und ihren Mann John an ihr viktorianisches Ziegelhaus in London bauen. Innenansicht siehe Seite 72.

DIE ANFÄNGE

Die sonneneinfangende Bauform des Wintergartens erfreute sich seit ihrer Entstehung Mitte des 16. Jahrhunderts großer Beliebtheit. Zunächst war der Wintergarten ein Gewächshaus, respektive ein „Pomeranzenhaus". Diese Südfrüchte (die Vorläufer der Orangen) hegte der Mitteleuropäer während der kalten Jahreszeit in einer zerlegbaren, hallenähnlichen Bretterkonstruktion, deren Südwände mittels Glasscheiben für die Wintersonne geöffnet waren. Die Räume wurden durch transportable Öfen beheizt. Seit Beendigung des Dreißigjährigen Krieges waren diese Bretterhäuser in Deutschland in Gebrauch.

Salomon de Caus verweist in seiner Beschreibung (1620) des Pomeranzenhauses im Heidelberger Schlossgarten darauf, dass man darin im Winter spazieren gehen könne, ohne die Kälte befürchten zu müssen. Damit war die im Barock beliebte Promenade auch für den Winter gesichert.

Mit dem Orangeriegebäude wurde die Bauform zum unverzichtbaren Bestandteil des Gartens. Für diesen Bautyp mussten die Pflanzen „mobil" werden, man setzte sie in Tröge, so konnten sie im Sommer ins Freie gefahren werden.

Orangerien waren häufig repräsentative Bauten, ihr Dekor orientierte sich an der „klassischen Ordnung". Das lang gestreckte Gebäude hatte meistens eine nach Süden gerichtete Glasfront, die übrigen Flächen wurden Wärme speichernd ausgebildet, der Ofen konnte fest installiert und als Kanalheizsystem wirkungsvoller ausgelegt werden, das heißt mit weniger Wärmeverlust und differenzierten Temperierungsmöglichkeiten.

Parallel dazu entwickelte sich seit etwa 1700 das „Glashaus". Es unterstand als Zweckbau dem Aufgabenbereich des Ingenieurs oder auch dem baulichen Dilettanten, wie dem Gärtner. Diese Bauten wurden für die bestmögliche Klimatisierung zur Aufzucht von Pflanzen errichtet. Mit der erforderlichen Konsequenz entwickelte man Heizungssysteme, Lüftungsarten und die günstigste Gebäudeform. Wichtig für das Wachstum der meist exotischen Gewächse waren das Einhalten der Temperatur, maximale Besonnung oder möglichst naturnaher Sonnenstand, bisweilen musste man Wind und Feuchtigkeit künstlich erzeugen. Damit verbunden war die Verbesserung der Glasherstellung, wie auch die allmähliche Herausbildung der elementierten Bauweise. Beide wurden durch die neuen Produktionsformen der Industrialisierung sowie den wegen seiner geringen Abmessungen geeigneten Werkstoff Eisen ermöglicht.

Vom gärtnerischen Standpunkt her war es wichtig, die Nutzung des Sonnenlichts zu verbessern; so wurde die sogenannte Talutmauer eingesetzt, deren Prinzip in der modernen Trombewand wieder zu finden ist. Als die bestmögliche Form für die Einstrahlung der Sonne ermittelte man empirisch die kugelförmig gekrümmte Glashülle, für flache Wände berechnete man den günstigsten Neigungswinkel. James Anderson und John Claudius Loudon experimentierten zu Beginn des 19. Jahrhunderts mit zwei übereinander gestellten Gewächshäusern, dadurch konnten die thermodynamischen Strömungen der verschiedenen Luftschichten genutzt werden.

Der „reine" Glasbau wurde, zur Überraschung der Öffentlichkeit, mit der Errichtung des Kristallpalastes durch Joseph Paxton für die Weltausstellung 1851 als perfektes technologisches System demonstriert. Bis zu diesem Zeitpunkt fand die vorgefertigte industrielle Bauweise wenig Beachtung.

Auch im privaten Bereich wurde das Glashaus, der Wintergarten, im Verlauf des vergangenen Jahrhunderts Bestandteil der sich konstituierenden bürgerlichen Kultur. Ein botanischer Wintergarten, dem einst traditionellen Kulturträger, dem Adel, vorbehalten, bot dem zunehmend begüterten Bürger Gelegenheit, zu gesellschaftlicher Anerkennung zu gelangen. Nicht nur durch das Vorzeigen des Baus und das Interesse für Botanik sollte ihm dies gelingen, vielmehr ergab sich daraus auch die Möglichkeit der Korrespondenz mit der Oberschicht, wie ein Besuch des Kaisers anlässlich des Erblühens einer Victoria Regia im Wintergarten des Fabrikanten August Borsig in Berlin-Moabit 1850 veranschaulicht. Derartige Gebäude kehrten weniger den Zweckcharakter hervor, vielmehr versuchte man, die technischen Bauteile mit klassischen Architekturformen zu kaschieren.

◁ *Unter Glas entsteht eine einzigartige Mischung aus Licht und Luft, blühenden Pflanzen und Gartenzimmer. Auch wenn die Wandfarbe durch die Luftfeuchte ein wenig abblättert, und Blätter und Blüten auf den Boden fallen – es ist ein einladender Ort zum Verweilen.*

8 DIE ANFÄNGE

▽ Der "Glaspalast" des alten Botanischen Gartens in München war mit einer Länge von 240 Metern und 84 Metern Breite eines der größten Bauwerke aus Glas und Eisen in Deutschland. Er entstand in Anlehnung an den Londoner Kristallpalast von August von Voit. Perspektivischer Stich der Längshalle aus dem Jahre 1854.

▽▽ Bereits vor einhundert Jahren lagen erstaunlich umfangreiche Kataloge über vorgefertigte Wintergartenmodelle vor. Hier ein Modell aus Gusseisen und Glas der Dücker Eisenwerke, Lauffach 1900.

▽ Im Heidelberger Schlossgarten stand das abschlagbare Gewächshaus für Pomeranzen. Salomon de Caus im Jahre 1620.

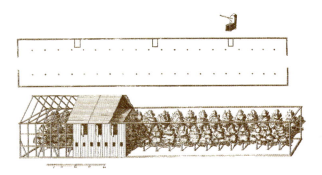

Solche dem Studium der Botanik und der Muße zugedachten Wintergärten standen in der Regel ein wenig abseits vom Haus, in Verbindung mit Treib- und anderen Pflanzenhäusern.

Der Wintergarten als wohnlicher Aufenthaltsort schloss sich jedoch einem der Gesellschaftsräume des Hauses an, wie der Bibliothek, dem Herren- oder Damenzimmer. Hier genoss man das Verweilen in der wohl temperierten „Natur", die je nach Mentalität des Besitzers berauschende Schwüle oder freundliche Sonnigkeit verströmte. Die Sehnsucht nach der (idealen) Natur, die sich im Rokoko oftmals durch reichlich mit Blumengirlanden und Trompe-l'œil bemalte Zimmer artikulierte, konnte das technische Zeitalter in ein Beherrschen der Natur innerhalb der „eigenen vier Wände" verwandeln.

Die Einrichtung eines Wintergartens wurde zum Muss für jedes besser gestellte Hotel, so dass sogar Transatlantik-Passagierschiffe auf eine künstlich installierte Pflanzenwelt um des Wohlbefindens der Passagiere willen nicht verzichten konnten.

Der am Privathaus angebaute Wintergarten hatte zunächst eine durch die Eisen-Glas- beziehungsweise Holz-Glas-Konstruktion bestimmte Gestalt, er wurde als eigenständiges, geschlossenes Bauelement angesehen, das man an das Haus anfügte.

Solche Glashäuser wurden im ausgehenden 19. Jahrhundert komplett vorgefertigt und waren nach Katalog erhältlich (Abb. unten). Das Grundelement war ergänzbar durch Leuchten, Treppen und diverse dekorative Attribute. Der gesamte Anbau wurde außerhalb (oder gegebenenfalls auch innerhalb) eines Hauses einer möglichst schon vorhandenen Maueröffnung vorgesetzt.

Handwerklich gefertigt wurde dagegen der kleine, in Baukörper und Fassadengestaltung integrierte Wintergarten. Seine Abmessungen entsprachen häufig denen eines größeren Balkons, die Unterscheidung zur verglasten Veranda ist

DIE ANFÄNGE 9

▽ *Auf die angenehme Atmosphäre eines Wintergartens wollte man auch während luxuriöser Schiffspassagen nicht verzichten. Hier ein Einblick in das Ambiente an Bord der „Cap Finisterre" um 1912.*

kaum zu treffen. Formal wurde er in den gewählten historischen Stil des jeweiligen Hauses integriert, sei es, dass er wie der vorkragende Erker eines Holz-Skelettbaus der Renaissance ausgebildet war, oder als verglaste Terrasse über dem als Säulenportikus gestalteten Sitzplatz. Trotz der räumlichen Verdichtung im Wohnungsbau war es auf diese Weise auch für den weniger Begüterten möglich, ein wenig Natur einzufangen. Diese Räume waren meist mit Palmen und ähnlichen Gewächsen in Pflanztöpfen ausgestattet.

In solchen Hausbauformen zeigen sich Ansätze und Fragestellungen zu einer neuen Art des Wohnungsbaus. Bei allen Reformern spielten die Natur, der Garten, eine wesentliche Rolle und damit auch das Motiv des Wintergartens. Ausgehend von Tendenzen im englischen Gartenbau führt Hermann Muthesius auch in Deutschland den „Haus"garten ein, der als räumlicher Bestandteil des Wohnhauses aufzufassen ist. Wege, mauerartige Hecken und kleine Gartenarchitekturen, wie Pergolen, Gartenhäuser und separate Wintergärten, bilden die Einrichtung.

Unter dem Einfluss von Muthesius arbeitete zunächst Leberecht Migge, der in seiner weiteren Entwicklung den Hausgarten zur Grundlage eines Selbstversorgersystems ausformulierte. Sein Ziel war es, die „Armen" und „Ärmsten" aus ihren „Stadtlöchern" in Gartensiedlungen herauszuholen. Haus und Garten sollten durch allmähliche Erweiterung zu einem geschlossenen ökologischen System werden, das seine Bewohner ernähren kann und sie dadurch unabhängig macht. „…Wir brauchen Winterlauben (!), Kernhäuser,

DIE ANFÄNGE

▽ Das Wohnhausprojekt in Heidelberg (Heinrich Tessenow, 1876-1950) zeigt in der Gartenansicht dieser Perspektivzeichnung, wie der kubische Baukörper auf das Wesentliche reduziert wurde. Der Wintergarten als wesentlicher Teil des Hauses, Laube und Terrassenmauern entsprechen der Geschlossenheit und öffnen das Haus stufenweise dem Garten.

bodenproduktive Übergangsbauten aller Art und so klug und billig erdacht, dass sie in großen Mengen erstellt werden können, um den Mehrwert, von dem unser Dasein abhängt, so schnell wie möglich zu erringen ..." (L. Migge, 1922).

„Licht, Luft und Sonne" wurden zu Schlagworten des neuen Städtebaus, nicht nur aus Gründen der Hygiene, sondern auch wegen ihrer psychologischen und geistigen Wirkung auf den Menschen. Der Wintergarten als gesondertes Bauelement hatte in diesem Zusammenhang keine Berechtigung mehr, vielmehr wurde der Wohnraum selbst durch eine ganzflächige Verglasung zu einem „Wintergarten". Le Corbusier entwarf ein Wohnungsbausystem, das durch Maisonettetypen zweigeschossig verglaste Wohnräume ermöglichte; vorkragende Balkone als Sonnenbrecher (brise soleil), Schiebe- und Kippfenster ermöglichten eine differenzierte Belüftung. Trotz großer Wohnbaudichte sollte den Bewohnern der Luxus eines Einfamilienhauses zur Verfügung stehen. Da diese Wohneinheiten addierbar und stapelbar sind, benötigt eine solche „Wohnmaschine" im Verhältnis zur Anzahl der möglichen Bewohner geringe Grundfläche, so dass die „freie Natur" unangetastet bleibt. Krisen in der Energiewirtschaft und Folgeerscheinungen der Umweltverschmutzung rücken gegenwärtig die Modelle Leberecht Migges wieder in den Vordergrund – eine Intensivgärtnerei rund um den ganzen Erdball? Oder hat auch Le Corbusiers Vorstellung von der unberührten Natur, ermöglicht durch die „Wohnmaschine", von neuem ihre Berechtigung?

Der Wintergarten als ein Stück eingefangener Natur ist seit seiner Entstehung ein Abbild unterschiedlicher Naturaneignung. Natur unter Glas als unverzichtbarer Luxus, als Zeichen sozialen Engagements, als gläserne, expressive Utopie oder als bodenständiges Element des Gärtnerns – immer aber ist sie der Begriff für eine außergewöhnliche „Wohn- und Lebensqualität", gleichgültig, unter welchem Vorzeichen sie auch eingerichtet wurde.

MICHAELA STAUCH / HOLGER REINERS

DIE ANFÄNGE **11**

▽   *Selbst im Verfall zeugen die Wintergärten des 19. Jahrhunderts, wie hier in einem Park am Comer See, von der damaligen hohen Baukunst und dem feinen Gefühl für Formen.*

DIE BEGRIFFE

Die Bezeichnungen, unter denen heute Anbauten und Baukörper aus Glas bekannt sind, haben meist einen historischen Hintergrund und verweisen entweder auf die Eleganz vergangener Tage oder auf die Anfänge im Umgang mit der Sonnenenergie.

Wintergarten, Veranda oder Sonnenhaus hatten bis vor gut fünfzig Jahren im Sprachgebrauch ihre feste Bedeutung, beschreiben aber nur noch unzureichend die heutige Glasarchitektur. Die Grenzen der Begriffe sind fließend geworden.

Der Wintergarten oder Salon-Wintergarten, der seit der zweiten Hälfte des vorigen Jahrhunderts bis zu den 30er-Jahren zu der beliebtesten Hauserweiterung gehörte, war meist den Wohn- und Speiseräumen vorgelagert. Oft unabhängig von der Himmelsrichtung orientiert, hatte er nicht selten Schmuck- und Prunkcharakter, war Zeichen von Luxus und Wohnkultur mit reicher Blumendekoration und eleganter Einrichtung. Meist war er an drei Seiten mit großen Fenstern verglast, und zum Wohnhaus hin sorgte eine verschließbare Glastür für Schutz vor winterlicher Kälte oder vor zu großer Hitzeeinwirkung im Sommer. Das Dach war selten verglast, sondern hatte eine feste Decke, die als Balkon oder Freisitz genutzt wurde. Die stets unbeheizten Wintergärten lassen sich noch heute an manchen Stadthäusern in ihrer Formenvielfalt und Pracht bewundern.

Diese Wintergärten dienten als Pufferzone, aber auch als Pflanzenhort zum Überwintern frostempfindlicher Gewächse. Damals galt das Bestreben nach einer höheren Lebensqualität in Verbindung mit der Natur mehr als die mögliche Einsparung von Zusatzwärme.

Die Veranda (von portugiesisch vara, die Stange) dagegen war ein sehr viel einfacherer Vorbau. Zunächst vorgesehen als überdachter und vor Sonne schützender Freisitz, meist üppig berankt, wurde er in unseren Breiten oft durch seitliche Holzwände zum Schutz vor Wind und Regen erweitert. Um die Mitte des vorigen Jahrhunderts, als der Begriff der Veranda aufkam, war die großzügige Verwendung von Glas

◁ *Ein Wohn-Wintergarten als kostbarer Pavillon mit einem Hauch von Luxus. Glashäuser können groß oder klein sein, ihren Charme und ihre Individualität beziehen sie aus der Liebe zum Detail (Duane Paul Design Team).*

noch keineswegs selbstverständlich. Erst um die Jahrhundertwende wurden die Seitenwände häufig verglast und die Veranda fand auch als Windfang und im Eingangsbereich der Wohnhäuser ihre nutzbringende Verwendung.

Die Solarveranda, eine Wortschöpfung unserer Tage, die in Prospekten als Wintergarten-Synonym auftaucht, soll wohl kaum an die einfache Bauweise von damals erinnern, sondern eher den Ausdruck moderner Architektur und bauphysikalischer Perfektion vermitteln, verbunden mit der Assoziation nostalgischer Gemütlichkeit.

Die heutigen Wintergärten: Entsprechend der erwünschten Temperaturbereiche unterscheidet man Glashäuser nach den Klimazonen:

- Der Typ des unbeheizten Glashauses eignet sich für den Sommerbetrieb und für mehrjährige Pflanzen, die leichten Frost vertragen. Dies können Gewächse wie Lorbeerbaum, Rosmarin, Myrte oder alpine Pflanzen sein, die sich im windgeschützten Glasraum besser entwickeln als im Freien. Gegebenenfalls werden die Pflanzbeete im Winter gezielt durch Bodenheizkabel erwärmt.

- Der ökologische Wintergarten, das beheizbare Kalthaus, ist der Typ, der für Gewächse aus mediterranen Klimata in Frage kommt. Die sogenannte Grüne Solararchitektur setzt häufig Glashäuser mit Klimazonen ein, deren Energiekonzept so gestaltet ist, dass Nachttemperaturen von etwa fünf Grad nicht unterschritten werden und häufig ohne Zusatzbeheizung auskommen.

- Das temperierte Glashaus erfordert wenigstens eine Temperatur von acht bis zwölf Grad. Da für diese Temperaturbereiche schon eine entsprechend aufwendige Heizungsanlage nötig ist, empfiehlt sich die Verwendung einer Isolierverglasung und Wärmedämmung im Bodenbereich. Das temperierte Haus ist der Ort für Hibiskus und Efeu, Glanzkolben und manche Gummibaumarten, aber auch für Gemüse wie Auberginen und Artischocken.

- Als Wohn-Wintergärten werden Glasräume mit wohnlichen 20 bis 25 Grad bezeichnet, die ganzjährig bewohnt werden. Sie bieten auch tropischer Flora einen geeigneten Rahmen, wenn für erhöhte Luftfeuchtigkeit gesorgt wird. Dieses energetisch ungünstige Warmhaus benötigt

14 DIE BEGRIFFE

▽   *Gläserner Salon, Gartenzimmer oder ganz nüchtern bezeichnet als Pfufferzone. Der liebevoll gestaltete Wintergarten bietet viele Nutzungsmöglichkeiten, obgleich er nur gut sechs Quadratmeter Grundfläche besitzt (Amdega).*

Nachttemperaturen von 18 bis 20 Grad. Hier sind entsprechende Wärmeschutzmaßnahmen vorzunehmen, um den Energieverbrauch zu begrenzen.
• Unter einem Sonnenhaus werden Gebäude mit einem großräumigen Glasanbau verstanden wie auch die Integration großer Glasbauteile in die Architektur eines Hauses mit dem Ziel, passive Sonnenenergie zur Beheizung des Gebäudes zu nutzen. Dies muss über eine Südorientierung des Hauses und seine gläsernen Kollektorflächen (mit geringen Abweichungen nach Osten oder Westen) und über eine Zonierung der Innenräume mit ihren thermischen Erfordernissen erfolgen. Die Speicherung der Sonnenenergie und die zeitverschobene Abgabe der Wärme während der Nachtstunden und an kälteren Tagen, wenn die Temperaturen unter das Behaglichkeitsniveau absinken, sind typische Merkmale eines Sonnenhauses.

Als Pufferzone erweist sich jeder Glasvorbau und integrierter Wintergarten, wenn er das Kernhaus vor direkten Witterungseinflüssen bewahrt. Unabhängig von seiner Lage und Orientierung verzögert das gläserne Luftpolster an der Außenseite des Hauses in jedem Fall die Wärmeabgabe des Gebäudes an die kältere Umgebungsluft. Großzügig bemessen, schafft dieser Zwischentemperaturbereich nicht nur eine Schutzhülle für das Gebäude, wie zum Beispiel der herkömmliche Windfang, sondern einen Raum, in dem sich alle Aktivitäten ausführen lassen, die nicht unbedingt Wohnraumtemperatur benötigen. Es ist auch ein idealer Überwinterungsort für Kübelpflanzen.
Das Bemühen um Einsparung teurer Primärenergie und fossiler Brennstoffe bei der Gebäudeheizung durch die verstärkte Ausbeute von Sonnenenergie steckt vielerorts immer noch im Versuchs- oder Gutachterstadium. Bei einem Energiesparhaus, wie es vereinzelt gebaut wird, ist es stets oberstes Planungsziel, den Energieverbrauch in allen Bereichen möglichst gering zu halten, auch schon bei der Herstellung und Verarbeitung der Baustoffe und ihrer späteren Wiederverwendung und Entsorgung. Die Gebäudeform bestimmt ein geeignetes Verhältnis von Gebäudeoberflächen zur Grundfläche, um die Abstrahlungsflächen zu minimieren. Hinzu kommt die Zonierung des Grundrisses, wobei die Erschließungs- und Nebenräume sinnvollerweise zur Nordseite liegen sollten. Zur Sonnenseite öffnet sich das meist recht große Glashaus als Sonnenkollektor, die nach Norden gerichteten Fenster werden klein gehalten. Planer von Energiesparhäusern setzen als weitere Mittel zur Energiegewinnung zum Beispiel Wärmepumpen mit hohem Wirkungsgrad und aktive Sonnenarchitekturelemente zur Erwärmung von Brauchwasser ein. Klappläden und Rollos reduzieren den Wärmeverlust, der trotz Isolierverglasung entsteht. Steinspeicher aus Kies oder Kalksteinen unter dem Fußboden des Glashauses oder des Wohnraumes im Kernhaus tragen ebenso zur günstigen Energiebilanz bei wie die Fassadenbegrünung durch Kletterpflanzen als Schutz- oder Kleinklimahülle und ein begrüntes Dach. Fazit: Die Bewohner eines Energiesparhauses müssen sich von ihren Gewohnheiten lösen.

DIE BEGRIFFE 15

▽   Ein lichtdurchfluteter Wintergarten, wie dieser sechs Meter hohe Anbau, lässt jedes Haus freundlicher wirken und öffnet den Blick in den Garten. Das frühere Küchenfenster wurde nun zur Durchreiche.

Anstatt das Erdgeschoß zu erweitern, wurde das Haus aufgestockt, der frühere Balkon durch einen unbeheizten, geräumigen Wintergarten mit Stahlprofilen ersetzt (KJS+).
PICTURE PRESS,HAMBURG/JENS WILLEBRAND

ANBAU, NEUBAU, PASSIVE SOLARARCHITEKTUR, RICHTIGE WAHL
OPTIMAL PLANEN

DER WINTERGARTEN ALS NACHTRÄGLICHER ANBAU

Da wir heute mitten in der Renaissance der Wintergartenarchitektur stehen, bieten neue und wieder entdeckte Materialien eine Vielzahl von Lösungen für den geplanten Anbau aus Glas. Bei der Planung eines Wintergartens für ein bestehendes Haus sind bestimmte Dinge vorgegeben. Das sind die Grundstückssituation, die Größe und Lage des Gebäudes auf dem Grundstück und zur Himmelsrichtung, die Anforderung des Grundrisses, die Dachform und Dachhöhe, das Kleinklima sowie baurechtliche Rahmenbedingungen. Unter diesen Voraussetzungen gilt es, den Glasanbau (in Bezug auf die Lage, seine gewünschte Form und Größe) zu planen. Die ganz verschiedenen Erwartungen und Aspekte werden den Entwurf bestimmen.

DEN GRUNDRISS SINNVOLL ERWEITERN

Es ist architektonisch reizvoll, Häuser durch einen Glasanbau zu vergrößern und zu einem Haus umzubauen, das unseren heutigen baulichen Ansprüchen gerecht wird, ob es sich um ein Gebäude aus der Biedermeierzeit handelt oder ein Haus aus den 50er- und 60er-Jahren mit einem oft minimierten Grundriss.

Durch geschickte Anbindung der gläsernen Hülle an die Innenräume bieten sich differenzierte Nutzungen an. Entsprechend der Klimasituation eignet sich der hinzugewonnene Raum für eine permanente, eine vorübergehende oder auch nur eine sporadische Nutzung.

Der **WOHN-WINTERGARTEN** als voll beheizter Raum, der trotzdem eine Abtrennung zum Wohnraum des Kernhauses vorsehen sollte, ermöglicht zum Beispiel

- einen vollwertigen neuen Wohnraum (z. B. Wohnzimmer);
- die Einrichtung eines besonderen Arbeitsplatzes oder das Hausbüro mit dem unkonventionellen Ambiente;
- die Erweiterung des Essplatzes vor der Küche, die Umwandlung eines funktionellen Raumes in eine Wohnküche;
- die Schaffung eines Spielzimmers mit dem beschützenden „Drinnen" und dem abenteuerlichen Flair des „Draußen"
- oder den Umbau des Badezimmers zum romantischen Schönheitssalon unter Palmen.

Der **ZWISCHENTEMPERATUR-BEREICH** als ökologischer Win-

tergarten, mit dem Frostwächter auf minimal fünf Grad beheizt, lässt sich ebenfalls für viele Zwecke verwenden:

- in ursprünglicher, früherer Nutzung als Hort von Zimmerpflanzen, platziert vor dem Ess- oder Wohnraum als grüner Salon;
- als Sommerküche;
- zur Anlage eines Blumen- und Kräutergartens;
- zum Überwintern von frostempfindlichen Kübelpflanzen oder
- als Verbindungsgang zwischen zwei Gebäuden.

UNBEHEIZTE GLASHÄUSER lassen eher eine eingeschränkte, sporadische Nutzung erwarten, die

- als Arbeitsräume fürs Hobby (Anzucht von Sommerblühern und Gemüse) oder
- als Abstellraum für Geräte und Zweiräder und als Werkstattraum für Bastler vorgesehen sind.

Dem verglasten Windfang kommt oftmals besondere Bedeutung zu. Er reduziert deutlich die Lüftungswärmeverluste. Wärmegewinn entsteht durch das Überdachen, das „Einhausen" von Innenhöfen und Atrien. Bei kleiner abstrahlender Oberfläche wird der Verlust der Transmissionswärme der ehemaligen Außenwände dank der Luftschicht zwischen Kernhaus und Glashülle stark vermindert. Energetische Sanierung und passive Energiegewinnung

DER WINTERGARTEN ALS NACHTRÄGLICHER ANBAU   19

◁   Das sanierungsreife Haus erhielt einen Umbau und eine Erweiterung in Niedrig-Energiebauweise mit großem Sonneneintrag. Anbau in Holzkonstruktion (Leimbinder aus heimischer Fichte) mit Halbtonnendach in Zinnbleckdeckung. Siehe Isometrie Seite 21 (Stoeppler+Stoeppler Architekten).

▽   Einem Anbau sollte man – gleich welcher Bauweise – im Idealfall nicht ansehen, dass er nachträglich angefügt wurde, so wie es bei diesem Wintergarten gut gelang (Amdega).

OPTIMAL PLANEN

▽ *Ein häufiges Problem: Wie kann man ein Haus mit kleinem Grundriss architektonisch und ästhetisch vereinbar erweitern? Zum Beispiel, indem die Form des Satteldaches aufgenommen und als Glashaus fortgesetzt wird. In diesem Fall wurde das acht Meter lange Wohnhaus um den vier Meter tiefen Glasanbau verlängert. Innenansicht: siehe Titelbild (Holztechnik Gräbe; Planungsidee: Susanne Hardt, Hans-Detlef Schulze, Landschaftsarchitekten BDLA, Hamburg).*

ergänzen sich. In vielen Fällen wird mit der Planung eines Wintergartens auch die Verbesserung der Energiebilanz eines Altbaus verbunden. Der Glasanbau soll seinen Beitrag als Sonnenkollektor liefern und überschüssige Wärme den angrenzenden Räumen und Speicherflächen zuführen. Hier wird sie dann bei Bedarf durch Öffnen von Fenstern, Klappen oder der Tür abgerufen. Gewiss sind andere wärmedämmende Maßnahmen preisgünstiger, doch bietet keine von ihnen so viel optischen Reiz wie ein Glasanbau.

Der Wintergarten kann gleichzeitig aber auch nach dem „Haus-im-Haus-Prinzip" den Wärmeabfluss aus dem Kernhaus an die kalte Umgebungsluft über den Zwischentemperatur-Bereich verzögern und so für eine wirksame Verbesserung schlecht gedämmter oder dem Regen besonders ausgesetzter Außenwände sorgen. Der Aspekt, den Wintergarten als schützende zweite Fassade zu nutzen, kann daher eine praktikable Lösung sein. Problematische Außenbereiche werden so zu witterungsunabhängigen Innenräumen. Wenn sich die konventionelle Erweiterung eines Hauses im vorhandenen Baustil ausschließt, ist der Wintergarten als separater Baukörper die Alternative.

Eine solche Lösung kommt in Frage, wenn ein in sich vollkommenes Haus nicht mehr sinnvoll zu ergänzen ist oder sich das Material des Kernhauses für eine Erweiterung nicht

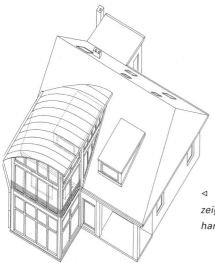

◁ *Die Isometrie eines geplantes Umbaus (siehe Abbildung Seite 18) zeigt deutlicher als jeder Grundriss, wie sich die Erweiterung ans vorhandene Haus fügen wird (Stoeppler+Stoeppler Architekten).*

mehr nachkaufen lässt. Der gläserne, filigrane Glasanbau ist auch dann eine gute Ergänzung, wenn aus baurechtlichen Gründen ein massiv gebauter Baukörper abgelehnt wird.

Als untergeordnetes Bauteil wird ein Wintergarten in den meisten Fällen ohne Weiteres genehmigt, wenn er als Gewächshaus, also nicht als Wohnraum geplant ist (siehe Seite 59). Darunter ist zu verstehen, dass das Glashaus nicht für den ständigen Aufenthalt gedacht wird. So lassen sich baurechtliche Einschränkungen manchmal geschickt ausgleichen.

Der Umbau leer stehender Dachböden in lichtdurchflutete Wohnräume mit großem gläsernen Vorbau führt besonders dann zu reizvollen Lösungen, wenn die Planungsaufgabe mit dem Wunsch nach möglichst unaufdringlicher Architektur verbunden ist. Dies setzt allerdings einiges Einfühlungsvermögen in die bestehende Substanz des Hauses voraus.

Die Ausnutzung der oft sehr hohen Dachräume innerstädtischer Häuser durch eingezogene Galerien und überdeckende gläserne Hüllen macht die Umsetzung von Entwürfen möglich, die in „konventioneller Ausführung" keine behördliche Zustimmung erhalten würden.

Auch schlecht gedämmte oder undichte Flachdächer können durch einen Wintergartenaufbau saniert und gleichzeitig attraktiv aufgewertet werden.

Interessante Lösungen bieten beispielsweise Planungen, die die Form der alten Oberlichter von Treppenhäusern aufgreifen und integrieren. Die Wohnqualität dieser neuen gläsernen Gärten steht neben der Sanierung in einem vernünftigen Verhältnis zu den aufgewendeten Kosten.

Im Verbund mit angrenzenden, üppig bepflanzten Dachgärten oder begrünten Dächern können ökologisch sinnvolle Landschaften entstehen, die den Blick aus dem Wintergarten zu einem ganz besonderen Erlebnis werden lassen.

Auch im Geschosswohnungsbau bietet sich die Möglichkeit, Wintergärten als gläserne Vorbauten zu applizieren. Mit vertretbarem Kostenaufwand (durch Ausführung in vorgefertigter Systembauweise) erfahren diese Wohnungen eine deutliche Aufwertung. Der erweiterte Grundriss ermöglicht im Gegensatz zu einem Balkon während des ganzen Jahres eine Fülle von Nutzungen.

Neben dem Wunsch nach mehr Raum und Nutzfläche, nach mehr Pflanzen und notwendiger Sanierung kann ein Wintergarten auch die Funktion eines architektonischen Gegengewichts übernehmen. So manche baulichen Sünden der Vergangenheit werden mit einem „zeitgemäßen" Anbau ausgeglichen. Auch die Aufwertung von Wohnhäusern mit aus heutiger Sicht anspruchsloser Architektur der Wiederaufbaujahre ist eine lohnende Aufgabe.

Neben der räumlichen Erweiterung lässt sich, verbunden mit wenigen Grundrissänderungen, die Wohn- und Lebensqualität eines Hauses mit angemessenen Mitteln steigern. Der architektonische Ansatz sollte dabei entweder in der Form des Baukörpers liegen, im akzentuiert eingesetzten Material oder in der Farbgebung. Auch lieb gewonnene alte Fenster-Kunstwerke mit plastisch ausgeformten und reich verzierten Profilen oder kunstvollen Bleiverglasungen lassen sich auf diese Weise erhalten und dienen im Wintergarten als willkommene Abtrennung zu den angrenzenden Wohn- oder Arbeitsräumen.

Ebenso können auf dem Abbruch oder Flohmarkt erstandene dekorative Fenster oder Türen in den neuen Wintergarten eingebunden werden.

Wie der Immobilienmarkt heute zeigt, schlägt sich die erhöhte Wohnqualität eines Hauses durch den Glasanbau überproportional in der Wertsteigerung eines Gebäudes nieder. Dazu können Wintergärten zusätzlich beitragen, wenn sie an einer verkehrsreichen Straße mit hohem Lärmpegel liegen. Durch den Glasvorbau macht sich für die innenliegenden Räume eine Reduzierung der Straßengeräusche deutlich bemerkbar: Die Reduzierung beträgt bei geschlossenen Lüftungselementen etwa 20 dB (A), bei geöffneten immerhin ca. 10 dB (A).

Schließlich kann ein Wintergarten als nachträglicher Anbau auch die Notwendigkeit eines Neubaus überflüssig werden lassen. Viele Bauherren sind froh, wenn sie ihr lieb gewonnenes Haus trotz eines erhöhten Raumbedarfs nicht durch einen Neubau an anderer Stelle tauschen müssen, sondern dort wohnen bleiben können. Der Anbau in Form eines Wintergartens kann mehr Lebensqualität durch mehr Wohnraum schaffen, wenn es die Grundstücksgröße hergibt. Weitere Vorteile sind die vergleichsweise kurze Umbauphase und die hohe Raum- und Erlebnisqualität zu relativ geringen Kosten.

GLASARCHITEKTUR IM NEUBAU

Es ist sicher kein Zufall, dass fast jedes neu gebaute Wohnhaus mit wesentlich mehr Glas ausgestattet ist, als es noch vor einigen Jahren der Fall war. Dies zeigt sich nicht nur in einer Vergrößerung und größeren Anzahl der Fenster, sondern in gläsernen Giebeln, Erkern, Fassaden, Wintergärten und vor allem an Glashäusern, die die Wohnräume „umhüllen". Glas bietet technologisch heute jede Möglichkeit, ein Haus so transparent wie möglich zu machen. Aber sicher ist dies nicht für jeden Bauherren erstrebenswert. Die Grundfläche von Kernhaus und Wintergarten entspricht häufig etwa einem Verhältnis von 3 : 1. Wenn man sich die passive Solarenergie zunutze machen möchte, ist der Anteil für das Glashaus oft deutlich größer. Durch Glasarchitektur wird das Grundstück besser genutzt.

Der freie Blick in die Baumkronen, auf die Straße oder in die Nachbargärten hat umgekehrt zur Folge, dass die Bewohner des Glashauses selbst in ungewohntem Maße im Blickfeld sind und vor allem nachts, wenn das Glashaus mit Leuchten oder Kerzen beleuchtet wird, beobachtet werden können: Glasarchitektur zwingt zu mehr Offenheit. Auf wie viele Bereiche sich die Öffnung des Hauses bezieht, ist während der Planungsphase gründlich zu klären. Dabei sollte die Bereitschaft bestehen, deutlich mehr von der Privatsphäre aufzugeben. Der Gewinn für dieses „Opfer" sind neue Durchblicke, Ein- und Aussichten, die nur gläserne Hüllen möglich machen. Es muß auch vorab geklärt werden, ob alle Räume hell bleiben oder manche abgedunkelt werden sollten. So ist es für viele Hausbesitzer wichtig, dass der Schlafraum nicht in die „Sonnenzone" mit einbezogen wird.

Neubauten, bei denen bereits Glaselemente oder großflächige Glasfassaden eingeplant sind, lassen einen ganzheitlichen Ausdruck zu, der bei einem vorhandenen Haus durch nachträglichen Anbau nur selten zu erzielen ist.

Bei einem neu zu planenden Haus ist zunächst zu entscheiden, ob die Energieeinsparung oder der erhöhte Wohnkomfort im Vordergrund stehen soll. Wer darauf verzichtet, seinen Wintergarten „ständig zum Aufenthalt nutzen zu können", kann das Glashaus als Pflanzen- oder Gewächshaus deklarieren. Der Vorteil ist der, dass in diesem Fall nicht die Bestimmungen der Wärmeschutzverordnung erfüllt werden müssen und auch die Abstandsflächen zum Nachbarn erheblich reduziert werden können. Voraussetzung aber ist, dass zwischen dem „Kernhaus" und dem gläsernen Baukörper der geforderte Wärmeschutz gewährleistet ist. Mit anderen Worten: Das Wohnhaus muss vom Wintergarten thermisch so klar getrennt sein, als wenn es sich um eine Außenwand handeln würde.

Ebenso wie sich für Bauherren neue Vorstellungen des Wohnens in den transparenten Räumen eröffnen, entdecken Architekten die Möglichkeiten, die ihnen der preiswert gewordene Werkstoff Glas bietet. Nach Süden oder Südwesten ist meist der Wintergarten, das Pflanzenhaus gerichtet, in dem die Temperaturen im Winter zwar niedrig sind, aber an hellen Tagen durch Sonnenwärme und diffuse Strahlung schnell gesteigert werden. An diesen Bereich schließen sich die Wohnräume an, wobei nach Osten und Westen Küche und Esszimmer sowie Schlafräume angeordnet sind. Im Kern des Hauses befindet sich der ganzjährig wärmste Raum, das Bad. Zur Nordseite schließen sich Pufferräume wie Treppenhaus, Diele, Windfang und Vorratsräume als Ersatz für den Keller an.

Wer sich viel Glas am Bau wünscht, muss nicht zwingend den Nutzen der Energieersparnis im Auge haben. Glas ist ein faszinierendes Material, mit dem gute Architekten einfach ungewöhnliche Häuser entwerfen können. Solch eine häufig ausgefallene und ungewohnte Bauweise verlangt von den Bewohnern einige Konzessionen. So sind gläserne Räume nicht nur heller und durchsichtiger, sie verursachen auch einen manchmal störenden Widerhall der Geräusche. In solchen Häusern herrscht nie ein gleichmäßiges Klima. Auch wenn automatisch gelüftet und beschattet wird, muss man spüren, ob alles intakt ist und gegebenenfalls korrigierend eingreifen.

Wenn nicht sehr genau auf ausreichenden Sonnenschutz geachtet wird, heizt sich ein Glashaus schnell unangenehm auf. Das mag denjenigen stören, der empfindlich auf Wärme und schnell wechselnde Temperaturen reagiert. Doch wem es im Sommer nie heiß genug sein kann, der ist dann mit einem solchen Haus unter Glas besonders zufrieden. Schließlich sind die Schönwetterperioden meist so rar, dass man sich durchaus an der – wenn auch sehr großen – Hitze während einiger Wochen im Jahr erfreuen kann. Vielleicht

GLASARCHITEKTUR IM NEUBAU

▽ *Die Fassade des sechsgeschossigen Gebäudes lebt von der Komplementärwirkung blockhafter Geschlossenheit und lichter Feingliedrigkeit. Die Wintergärten sind Schallschutz und erweitern zugleich die Wohnräume und Gewerbeflächen. Die Fensterkonstruktion wurde in einfacher Verglasung und mit thermisch nicht getrennten Stahlprofilen ausgeführt, um eine hohe Transparenz zu gewähren (von Gerkan, Marg + Partner Architekten).*

▽   Wie plastische Elemente sind die großzügigen Wintergärten an die Südfassade aus Lärchenholz-Schindeln gehängt. Die Anbauten lassen sich duch eine Schiebeanlage aus Einfachglas öffnen. Ein transparentes, gelbliches Gewebe (Soltis-Screen), das wie ein Rollo vor das Glas gezogen werden kann, gibt Sonnenschutz, aber hält den Ausblick frei (Baumschlager & Eberle).

denkt man aber auch schon an den traumhaften Anblick des Glasdaches, wenn der Schnee darauf fällt. So wird Glasarchitektur ganz von selbst zu einem Stimmungsaufheller, wenn man sie richtig zu nehmen weiß.

Es ist geradezu ein Widerspruch, dass trotz der modernen Entwicklung hochwertiger Materialien und hohem technischen Standard die Glasarchitektur von heute in ihrem Ausdruck und ihren klaren Formen nicht immer die Transparenz, den kühnen konstruktiven Hauch von damals, also dem des 19. Jahrhunderts, erreicht. Oft stehen den heutigen technischen Raffinessen bei der Ausführung allerdings baurechtliche und feuerpolizeiliche Auflagen entgegen. Statische Nachweise sind zu erbringen, die in ihrem Sicherheitsanspruch so hoch liegen, dass so manche Konstruktion überdimensioniert und schwerfällig wirkt. Zum anderen wird – unter dem Blickwinkel der Energieeinsparung – eine sorgfältige Wärmedämmung der gesamten Konstruktion und Verglasung bevorzugt und dafür leider die etwas plumpere Architektur in Kauf genommen. Das muss aber nicht sein. Schlanke Stahlkonstruktionen mit Profilen von nur 50 Millimetern Breite lassen eine filigrane Bauweise zu, schlagen aber mit einem deutlichen Aufpreis zu Buche.

GLASARCHITEKTUR IM NEUBAU 25

▽ *Die großzügigen Geschosswohnungen mit drei oder vier Zimmern öffnen sich zur Südseite, der eine Glas-Veranda zugeordnet ist, die hier mit dem offenen Soltis-Screen-Gewebe in freundlichem Gelb vor Überhitzung bewahrt wird. Durch die großen Fenstertüren werden die Wohn- und Schlafräume optimal belichtet (B & E).*

▽▽ *Die hangabwärts gestaffelte Wohnanlage (zwei Baukörper mit 15 Eigentumswohnungen) im österreichischen Nüziders steht als kubischer Baukörper im Dialog mit der traumhaften Gebirgskulisse des Vorarlberger Walgau. Die kompakte, aber auch lichtoffene Bauweise stellt eine Platz sparende Alternative zum Einfamilienhausbau dar (B & E).*

Wer ein Sonnenhaus nicht nur aus optischen Gründen bevorzugt, wird versuchen, weitgehend autark in der Wärmeversorgung zu sein. Bei vernünftigem Einsatz von Glasbaukörpern und deren sinnvoller Orientierung, mit dem Einsatz von Massespeichern und einem zentralen Heizsystem, dem Verstehen der Abhängigkeit von Klima und Sonne, der Strahlungsintensität und Sonnenscheindauer, lässt sich eine beachtliche Unabhängigkeit zuwege bringen. Die Voraussetzung aber sind das Verständnis und die Bereitschaft für ein grundlegend anderes Benutzerverhalten und die Akzeptanz eines häufigen Wechsels von Wärme und Kühle, Licht und

26 OPTIMAL PLANEN

▽ Das Einfamilienhaus öffnet sich großzügig mit einem zweigeschossigen Wintergarten nach Südosten mit dem herrlichen Ausblick auf den Hallwiler See. Zur Rückseite mit dem Eingangsbereich gibt es sich ganz verschlossen (Fischer-Art).

GLASARCHITEKTUR IM NEUBAU

▽ Wintergärten müssen sich keineswegs den traditionellen Bauformen anpassen, sondern können durchaus herausgelöst werden, um den Baukörper zu veredeln. Der über dem Teich fast schwebend wirkende Anbau aus einem Stahlprofil (System Jansen-Vis) wirkt optisch besonders leicht (Architekt Roland Schedewie).

▽ Glasarchitektur der 90er Jahre. Die große Süd-Ostfassade des Bürogebäudes der BGW, Dresden (dreifaches Wärmeschutzglas mit einem k-Wert von nur $0,7 W/m^2 K$) verleiht den Arbeitsräumen und der vorgelagerten Innenbepflanzung eine optimale Belichtung (LOG ID/Prof. Dieter Schempp).

Schatten und vor allem die Neugier an guter Architektur und die Freude an einem abwechslungsreichen Reizklima.
Der Idealfall tritt ein, wenn das Glashaus so überzeugend im Grundriss angeordnet wird, dass die Erweiterungsmöglichkeit der Wohnräume und Wohnfunktionen in den Übergangszeiten schnell genutzt werden können.
Werden ins Haus integrierte oder der Fassade vorangestellte Wintergärten nicht richtig platziert oder sind die späteren Bewohner vorher nicht umfassend genug informiert worden, können sie aus Unkenntnis schnell zu Abstellkammern degradiert werden. Kostbare und kostenlose Sonnenenergie bleibt ungenutzt und wird dann sogar als lästig empfunden. Wenn bis heute vorwiegend Einfamilienhäuser mit einem größeren Anteil an Glas ausgestattet werden, ist die Verwendung jedoch nicht auf diese Bauten beschränkt. Die Glasarchitektur bahnt sich im Städtebau ihren Weg und trägt dazu bei, die Lebensqualität deutlich zu erhöhen: Bahnhöfe, Bürogebäude, Verwaltungsbauten und Schulen, Hotelhallen und Altenwohnheime, Einkaufspassagen, Museen, Fabrikationsgebäude und sogar ganze Straßenzüge werden durch großflächige, gläserne Elemente geprägt. Sie wirken transparenter, erhalten eine neue ästhetische Dimension und erfahren eine ideenreichere, ungekünstelte Architektur, wie sie noch vor Jahren kaum denkbar gewesen wäre.
Während bei Planungen privater Wohnhäuser die Bauherren selbst entscheidend den Entwurf beeinflussen, ist diese Möglichkeit beim Geschosswohnungsbau selten gegeben. Die Mieter können häufig weder Einfluss nehmen noch Wünsche äußern. Dadurch entfällt die Möglichkeit, das andersartige und ungewohnte Wohngefühl im Wintergarten vorzubereiten und verständlich zu machen. So wirkt oftmals der zwar gewünschte Hellraum auf die Bewohner zu fremd und wird nicht so angenommen, wie es dem architektonischen und energetischen Konzept entsprechen müsste.

PASSIVE SOLARARCHITEKTUR

Das Einfangen der Sonnenstrahlung, die Speicherung über einen längeren Zeitraum und die spätere Verteilung der in Wärme umgewandelten Strahlung werden bei der passiven Solararchitektur allein mit baulichen Mitteln ohne technische Zusatzeinrichtungen bewirkt. Die natürlichen Gegebenheiten, die günstige Standortwahl, die Optimierung des Grundrisses, die Ausrichtung, der gezielte Einsatz von Wärmeschutzmaßnahmen und das Speichervolumen bestimmen den Wirkungsgrad des Systems.

Hauptbestandteile eines passiven Heizsystems sind die großen Glasflächen, durch die das Sonnenlicht ins Haus eindringt, und die massiven Speicher, die über die (am besten dunkle) Oberfläche, den Absorber, die Wärme aufnehmen. Entscheidende Bedeutung kommt schließlich der Verteilung der Sonnenwärme im Haus zu. Dabei werden die natürlichen Methoden der Wärmeübertragung genutzt: die Wärmeleitung, Wärmestrahlung und Konvektion.

Gewonnen wird die Wärme durch die so genannte Sonnenfalle, das heißt, die langwellige Strahlung der Sonne tritt durch die Glasflächen ein und wird nur zu einem Bruchteil wieder durch das Glas zurückgeführt. Diese so gewonnene Wärme (Energie) wird dann in der speicherfähigen Masse des Wintergartens gesammelt und später abgegeben.

Bei einem Passiv-Solar-Haus mit direktem Wärmegewinn ist diese Hauptspeichermasse konstruktiver Teil der Boden- und Wandflächen der überglasten Räume und sollte über eine Wärmekapazität mit großem Volumen verfügen.

Ein indirekter Wärmegewinn tritt ein, wenn die eingestrahlte Sonnenwärme von den südorientierten, massiven Gebäudeteilen aufgenommen wird und aufgrund des vorliegenden Temperaturunterschiedes und der Trägheit des Speichermediums zeitversetzt an die angrenzenden Räume nach innen abgegeben wird.

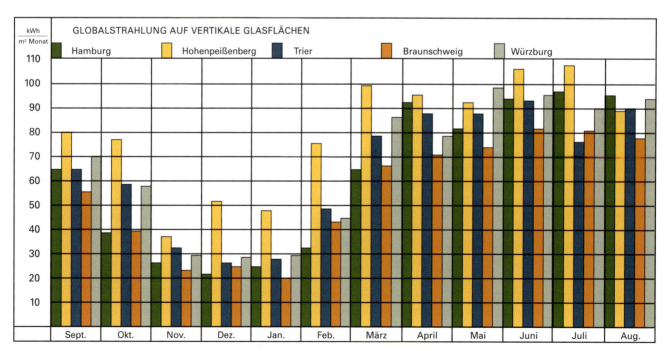

△ Die Intensität der Globalstrahlung wird von der geografischen Lage und der Jahreszeit bestimmt. Im Hochsommer hat Hamburg die besten Werte, während der anderen Monate das bayerische Hohenpeißenberg (775 m).

PASSIVE SOLARARCHITEKTUR 29

▽   Die Erfahrungen der Bewohner der experimentellen Solarhäuser Expo Wohnen 2000, Stuttgart, sind äußerst positiv. Drehbare Glaselemente mit Hologrammen und Solarzellen (siehe Seite 31) sorgen für eine optimale Belichtung und Energiegewinnung. Alle Wohnräume sind mittels Schiebetüren mit dem Wintergarten verbunden (HHS Planer+Architekten BDA).

▽ Die Sonneneinstrahlung gelangt im Winter bei vertikaler Verglasung bis tief in den nach Süden ausgerichteten Wintergarten. Im Sommer besteht nicht die Gefahr einer Überhitzung.
Wachberger, Michael und Hedy, München 1983

▽ Bei einer horizontalen Verglasung eines Wintergartens kann es im Sommer akute Hitzeprobleme geben. Deshalb sind eine ausreichende Dachneigung oder eine Verschattung erforderlich. Im Winter gelangt wenig Sonneneinstrahlung hinein.
Wachberger, Michael und Hedy, München 1983

Der Wunsch nach Einsparung von Energiekosten allein rechtfertigt allerdings nicht den Bau eines Wintergartens. Die transparente Hülle aus Glas kann für ein Haus erhebliche energetische Vorteile bringen, besonders wenn eine zusätzlich aktive Speicherung (z.B. durch Kollektoren und Wasserspeicher) angewandt wird. Bei konsequentem Einsatz des komplexen Systems, durch ergänzende haustechnische Anlagen, aber auch durch die Verbesserung des Mikroklimas, durch Begrünung der Fassaden und Dachflächen kann der Energiegewinn 10 bis 15 Prozent betragen. Dieser Energiespareffekt kann unabhängig von der Orientierung des Wintergartens erreicht werden, wird aber von einem südlich orientierten wesentlich effizienter unterstützt. Nach Norden gerichtete Glashäuser sind allerdings genauso effektiv wie solche nach Süden. Doch ein weiterer Nachteil sind die geringeren Temperaturen. Damit besteht hier zwar ein angenehmeres Klima während der Sommermonate, aber eine Nutzung im Winter ist eher eingeschränkt.

EINSTRAHLUNG AUF VERTIKALER FLÄCHE

EINSTRAHLUNG AUF HORIZONTALER FLÄCHE

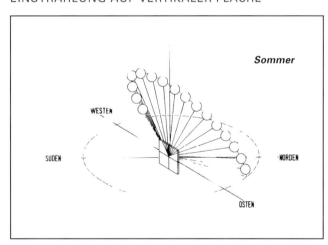

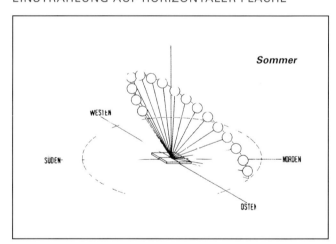

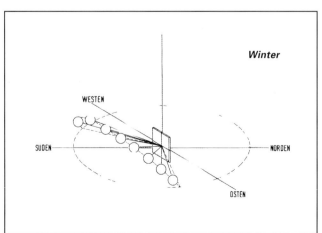

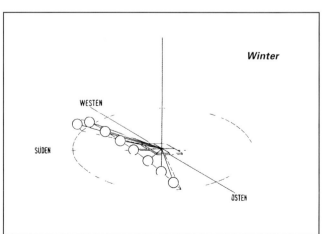

PASSIVE SOLARARCHITEKTUR

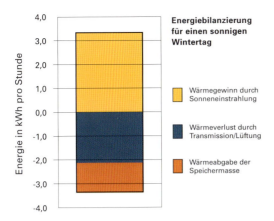
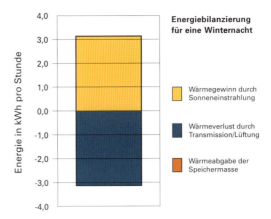

△ Zur Energiebilanz Seite 32: An einem sonnigen Wintertag (außen – 5°C) beträgt die Raumtemperatur im Wintergarten bis zu +21,1°C. In einer Winternacht bei –5°C beträgt die Raumtemperatur des Wintergartens nur +5,7 °C.

Allein aus finanziellen Gründen lohnt sich der Anbau eines Wintergartens also nicht. Eine Wärmedämmung wäre für diesen Zweck weit weniger aufwendig, ein spürbarer Gewinn würde nicht erst nach zehn bis fünfzehn Jahren eintreten, ein hohes Energiepreisniveau vorausgesetzt. Entscheidend für den Anbau oder Neubau eines Glashauses sollte die Freude auf ein neues Wohngefühl, eine ungewöhnlich hohe, neue Wohnqualität und ein erfrischendes Klima sein.

Es ist aber nicht ganz einfach oder „pflegeleicht", sich die Sonnenenergie zunutze zu machen. Die im Glashaus gewonnene, überschüssige Wärme muss ganz nach Bedarf ins Wohnhaus geleitet werden. Türen oder Klappen werden nach Klimaverhältnissen geöffnet oder geschlossen und wenn es im Wohnhaus warm genug ist, muss für eine ausreichende Querlüftung gesorgt werden, um die nötige, rasche Abkühlung im Glashaus zu bewirken. Dies ist besonders in den Sommermonaten sehr wichtig.

Beschattungssysteme bieten sich in vielfältiger Weise an, die sommerliche Hitze nicht zur Last werden zu lassen: technische Einrichtungen wie außen- oder innenliegende Markise, Sonnensegel, Rollos und als natürlicher Sonnenschutz Kletterpflanzen, Bäume oder Sträucher, die außer- oder innerhalb des Glasanbaus gepflanzt, eine unerwünschte Energiezufuhr im Sommer abhalten. So bleibt bereits in der Planungsphase gründlich zu bedenken, welche Konsequenzen eine bestimmte Bauweise zur Folge hat.

GEBÄUDESIMULATIONEN ermöglichen es, das Klima des geplanten Wintergartens genau zu berechnen. Um den winterlichen Wärmeschutz, die notwendige Abkühlung im Sommer oder den Wärmegewinn durch passive Solarenergie zu untersuchen, werden alle Werte zusammen mit den zu erwartenden Außentemperaturen eingegeben. Mit einem dynamischen Simulationsprogramm lassen sich Energiekosten berechnen, die Verwendung von Isolierglas bewerten und die Bereiche benennen, an denen Schwitzwasser (Kondensatbildung) zu erwarten ist. Je aufwendiger die Grafiken und Vergleiche ausfallen, umso teurer wird die Arbeit des Ingenieurbüros. Für eine kleine Bauaufgabe am Einfamilienhaus empfiehlt sich eine einfachere Energiebilanz. Siehe Seiten 32 und 124 ff.

△ Zwölf Quadratmeter polykristalline, 10 x 10 cm große Silicium-Solarzellen pro Wohnhaus erbringen eine geschätzte Energieausbeute (Stromgewinn) von 1 300 KWh pro Jahr. Darunter sind die drehbaren Sonnenpaddel zu erkennen, die sich je nach Sonnenstand öffnen oder schließen (siehe Seite 29) (HHS Planer+Architekten BDAL).

32 OPTIMAL PLANEN

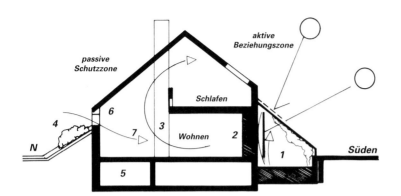

Die biologische Thermohülle des Hauses

1 Energie- und Lichtaufnahme (Glashaus)
2 Speicherwand (Energie-Rückstrahlung)
3 Konventionelle Heizungsquelle
4 Kälteschutz: Erdanschüttung
5 Naturkeller
6 Kälteschutz: Pufferzone
7 Querlüftung

◁ Die Schnittzeichnung (zum Haus rechts) macht das Prinzip der Bauweise eines biologischen und energiegerechten Gebäudes deutlich (Jean-Elie Hamesse, Architekt + Planer).

DIE ENERGIEBILANZ
Thermisches Verhalten des Wintergartens (siehe Schnitte und Foto) (Auszug einer Computer-Simulation)

1. AUFGABENSTELLUNG:
Eine statische Bilanzierung soll beispielhaft an einem Wintergarten eines Wohn- und Bürogebäudes in Braunschweig (Foto rechts) das thermische Verhalten aufzeigen.

2. SOLARE EINSTRAHLUNG:
Die Sonneneinstrahlung dringt durch die transparenten Flächen in den Wintergarten und führt dort zu einer Erwärmung massiver Bauteile. Die monatliche solare Einstrahlung ist im Winter für die 38° geneigte Südfläche fast dreimal höher als auf der vertikalen Ost- oder Westfläche. Die Aussage: Maximierung der geneigten Südflächen, Minimierung der Ost- und Westflächen, keine transparenten Nordflächen.

3. NUTZUNG DER SPEICHERMASSE:
Die Wand zwischen Wintergarten und Wohngebäude ist als massive Speicherwand aus Vollziegel ausgebildet. Zusätzlich ist der Fußboden in massiver Bauweise erstellt. Kurz vor Ende der solaren Einstrahlung, wenn die Speichertemperatur höher liegt als die Raumlufttemperatur, setzt der Rückfluss der Wärme ein.

4. ENERGIEGEWINN IM WINTER:
Eine statische Energiebilanzierung zeigt, dass an einem strahlungsreichen Wintertag Lufttemperaturen von + 20° C im Wintergarten möglich sind. Eine weitere statische Bilanzierung für die Nacht ergibt minimale Temperaturen von etwa + 5° C bei Außentemperaturen von – 5° C. Geht ein bewölkter Tag voraus, sinken die Temperaturen in der Nacht etwas stärker ab (siehe Grafiken Seite 31).

5. THERMISCHES VERHALTEN IM SOMMER:
Die hohe solare Einstrahlung führt zu schnellem Anstieg der Raumtemperatur. Zur Begrenzung der Temperatur empfehlen sich Verschattung der transparenten Flächen, erhöhte Lüftung, zusätzliche Öffnungen. Durch nächtliche Lüftung werden die Speicherflächen abgekühlt und sorgen am Tage für Behaglichkeit.

6. ANHANG:
Berechnungen mit Flächenberechnungen, Bilanzierung von Luftaustausch, Transmission und Wärmegewinn (Ertrag der solaren Einstrahlung pro Jahr auf der 38° geneigten Glasfläche: 1088 kWh/m², bei Neigung von 90°, Ausrichtung Ost oder West: 576 kWh/m²[2]).

NEK Ingenieur-Gesellschaft mbH, Braunschweig

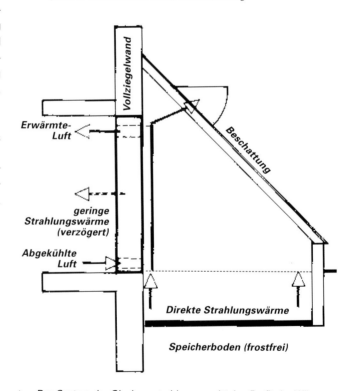

△ Das System der Glashausstrahlung macht den Profit der Wärmegewinnung im Wintergarten für den angrenzenden Raum deutlich. Der Kreislauf: Die erwärmte Luft steigt nach oben und wird durch eine Öffnung ins Haus geleitet. Nach Abkühlung fließt die Luft wieder zurück ins Glashaus (Jean-Elie Hamesse, Architekt + Planer).

PASSIVE SOLARARCHITEKTUR

▽ Beim Bau seines Energiesparhauses setzte der Architekt alle Mittel der passiven Solararchitektur ein. Der Wintergarten (Dachneigung 38°) ist nach Süden ausgerichtet, durch die geneigten Glasscheiben ist die Speicherwand aus roten Ziegeln zu erkennen (Jean-Elie Hamesse, Architekt + Planer).

PROBLEME ERKENNEN UND VERMEIDEN

DAS PROBLEM: SCHWITZ- UND TAUWASSER

Die Scheiben und Sprossen beschlagen, Wasser tropft an ihnen hinunter, so dass der Blick nach draußen behindert wird. Es beeinträchtigt auch die „visuelle Behaglichkeit", wenn trotz eines klaren Himmels im Wintergarten Regenstimmung vorherrscht. An einer Holzkonstruktion können sich hier durch Feuchte sogar Schimmelpilze bilden.

Es gibt mehrere Gründe für die Entstehung von Tau- oder Schwitzwasser (Kondensat), das sich nicht hundertprozentig ausschließen läßt. Es bildet sich durch Kondensation feuchter Raumluft an den kälteren Materialien der Außenhaut des Wintergartens (Konstruktion und Glasscheiben). Je höher der Feuchtegehalt der Luft und je größer der Temperaturunterschied zwischen Raumluft und den umgebenden Flächen sind, umso schneller entsteht Schwitzwasser. Bei Einfachverglasung und thermisch nicht getrennten Sprossen ist die häufige Entstehung von Schwitzwasser ganzflächig vorprogrammiert. Der an den Wintergarten angrenzende Küchenraum oder das Badezimmer kann auch zur Bildung von Schwitzwasser beitragen, wenn die Räume häufig benutzt werden und nicht durch eine Tür abgetrennt werden können. Eine hohe relative Luftfeuchtigkeit von annähernd 100% (normal ist etwa der halbe Wert um die 50%) und damit Schwitzwasser, das an den Glasscheiben hinunterrinnt, entstehen auch, wenn sich ungewöhnlich viele Menschen im Wintergarten aufhalten, und beim Gießen der Pflanzen. Unter solchen extremen Luftverhältnissen leiden sogar gut abgedichtete Isolierhäuser.

ABHILFE:
• Für ausreichende Lüftung, das heißt häufigen Luftwechsel sorgen. Siehe Seite 66.
• Durch die Wahl einer hochwertigen Isolierung/Verglasung.
• Tauwasser durch sichtbare oder verdeckt liegende Schienen ableiten.
• Die Bepflanzung auf subtropische Gewächse beschränken. Tropische Pflanzen wie Philodendren, die hohe Luftfeuchtigkeit brauchen, sollten sparsam verwendet werden. Gewässert wird am besten durch Schläuche mit Tröpfchenbewässerung, die in die Erde verlegt sind, um starke Wasserverdunstung zu vermeiden.

• Die Orientierung des Wintergartens (Himmelsrichtung) spielt eine untergeordnete Rolle.

DAS PROBLEM: „ES ZIEHT"

Die Situation kann man sich oftmals nicht erklären: man sitzt im Wintergarten, dessen Fenster und Türen geschlossen sind, und trotzdem entsteht das Gefühl, dass es zieht und kühle Luft vorbeistreift. Der Grund lässt sich physikalisch erklären: Der menschliche Körper strahlt Wärme in Form von langwelliger Strahlung in Richtung Verglasung aus. Liegt unmittelbar an den Glasscheiben eine niedrigere Temperatur als im Wintergarten vor, gibt der Körper an seine kältere Umgebung Wärme ab. Dann meint man, dass es „zieht", und empfindet dies als unangenehm (physikalisch wird der Vorgang als „thermische Behaglichkeit" beschrieben). Die Behaglichkeit wird von der empfundenen Temperatur bestimmt: Es ist der Mittelwert der Raumlufttemperatur und der umschließenden Wände.

ABHILFE:
• Hochwertige Isolierverglasung einsetzen.
• Den Feuchtegehalt der Raumluft senken.
• Für „thermische Behaglichkeit" sorgen.
• Den Sitzplatz nicht zu dicht an die Verglasung, sondern näher ans Haus legen.

DAS PROBLEM: ÜBERHITZUNG

An sehr heißen Sommertagen kann die Innentemperatur in der „Sonnenfalle" Wintergarten unerträglich werden, wenn nicht verhindert wird, dass die Sonnenstrahlen das Glashaus aufheizen und/oder wenn die erwärmte Luft nicht ausreichend nach außen abgeführt werden kann.

ABHILFE:
• Klären Sie: Sind ausreichend große Lüftungsklappen vorhanden? Sind die Lüftungsklappen richtig angeordnet, damit quer gelüftet werden kann? Zuluftklappen werden unten eingebaut, Abluftklappen möglichst oben am First (siehe Kapitel Be- und Entlüftung, Seite 66).

PROBLEME ERKENNEN UND VERMEIDEN

- Hierfür gegebenenfalls einen witterungsabhängigen, motorischen Betrieb vorsehen, der auch bei Abwesenheit arbeitet. Bewährt hat sich auch das Prinzip des Lüfter-Schnecke-Systems, das die aufgewärmte Luft oben absaugt (Schennjesse).
- Bei einer großflächigen Verglasung können beschichtete Sonnenschutzgläser nicht ausreichend sein. Sonnenschutzgewebe mit hoch reflektierender Beschichtung sind einzubauen (am besten außenliegend oder auch innenliegend). Ein innen aufgestellter Sonnenschirm ist ohne Wirkung. Helle Materialien (weiße Wände) reflektieren die Sonnenstrahlen besser als dunkle. Sehen Sie innen und außen Kletterpflanzen und/oder schattenspendende Bäume und Sträucher vor.

△ Die Sonne gibt kurzwellige Lichtstrahlen ab, die je nach Verglasung zu etwa 80 % in den Wintergarten gelangen. Treffen sie auf feste Stoffe (Wand, Fußboden), werden sie in langwellige Wärmestrahlen verwandelt, die an die Umgebung im Wintergarten abgegeben werden. Jede Isolierverglasung bewirkt dadurch einen hohen Energiegewinn. Wärmeschutzglas bewirkt die größte Einsparung.

DAS PROBLEM: UNTERKÜHLUNG / FROSTSCHÄDEN
ABHILFE:

- Es wird im Wintergarten bei Dauerfrost zu kalt, wenn Einfachverglasung gewählt wurde und auf thermische Trennung verzichtet wurde, wenn das Fundament nicht ausreichend tief (frostfest) angelegt oder die Heizleistung zu knapp bemessen wurde.
- Die einfachste Maßnahme ist der Einsatz eines Frostwächters, um eine Raumtemperatur bei über fünf Grad zu halten. Die Pflanzenauswahl sollte auf das Klima im Winter abgestimmt sein.
- Wintergrüne Bäume, die zu viel Schatten werfen, entfernen.
- Die Ausrichtung des Wintergartens nach Süden.
- Einen Anschluss an die Zentralheizung des Hauses vorsehen.

DAS PROBLEM: SCHÄDEN AN GLASSCHEIBEN
ABHILFE:

- Wenn die Scheiben zu früh angeliefert werden oder der Rohbau zu frühzeitig verglast wird, können Schäden durch mechanische Belastung, Mörtelspritzer, Schleiffunken, Schweißspritzer und durch eine nicht fachgerechte Reinigung der stark verschmutzten Scheiben entstehen. Isolierglasscheiben werden trübe, wenn der Randverbund nicht mehr absolut dicht ist und Luft eindringt.
- Verglasungen müssen vor der Bauabnahme durch Folien, Karton oder Spanplatten vor Beschädigungen geschützt werden.
- Zur Reinigung keine kratzenden Werkzeuge und Rasierklingen einsetzen. Verunreinigungen mit geeigneten Lösungsmitteln entfernen, nicht mit alkalischen Waschlaugen, Säuren und fluoridhaltigen Reinigungsmitteln.
- Im Schadenfall: Beschädigte Scheiben ersetzen. Hinweis: Die Kosten für den bis zur Abnahme entstandenen Schaden dürfen nicht dem Auftraggeber oder Bauherren in Rechnung gestellt werden!

DAS PROBLEM: UNDICHTIGKEIT

Wasser tropft an den Traufpunkten über undichte Glasanschlüsse und ungenügend ausgearbeitete Konstruktionsfugen in den Wintergarten. Die Hauptursache für die Undichtigkeit ist häufig ein zu geringes Dachgefälle.

VORBEUGEN:
- Den Anschluss der schrägen Dachverglasung an die senkrechte Hauswand durch zusätzliche Profile sichern.
- Holzprofile nicht ohne Metallabdeckung einsetzen.
- Ein stärkeres Dachgefälle vorsehen.

DAS PROBLEM: SCHÄDEN AN DER KONSTRUKTION

Rost an einer Stahlkonstruktion ist die Folge von ungenügendem Rostschutz, Fäulnis an einer Holzkonstruktion resultiert aus einer unfachlichen Konstruktion und mangelndem Holzschutz.

VORBEUGEN:
- Eine Rostschutzbehandlung am besten vor der Verarbeitung und nach dem Einbau. Regelmäßige Nachfolgeanstriche bei Stahl- und Holzkonstruktionen durchführen lassen.
- Mit „konstruktivem" Holzschutz bezeichnet man eine Konstruktion, bei der Nässe durch Regen oder Schnee schnell abtrocknen kann.

DAS PROBLEM: FLIEGEN- UND MÜCKENBEFALL

Im Sommer sammeln sich bei nicht ausreichender Entlüftung Fliegen oben im First und verschmutzen die Glasscheiben und Sprossen. Am Abend, wenn der Wintergarten beleuchtet ist, kommen die Mücken.

ABHILFE:
- Fliegenschutzgitter vor den Lüftungsfenstern und luftige Sommervorhänge vor den Türen verhindern weitgehend das Einschwärmen von Fliegen und Mücken.
- Bei guter Thermik und optimaler Entlüftung des Firstbereiches werden die Insekten nach draußen verbracht.
- Auslegen von Fliegenköder-Tafeln (Neudorff).

▽ *Diagramm zum Problem der Schwitz- und Tauwasserbildung (Taupunkt). Je höher die Luftfeuchtigkeit im Wintergarten ist und je einfacher die Glasart gewählt wurde, umso größer ist die Gefahr, dass die Luft im Glashaus bei geringen Außentemperaturen auf der Glasoberfläche zu kondensieren beginnt (J. Eberspächer).*

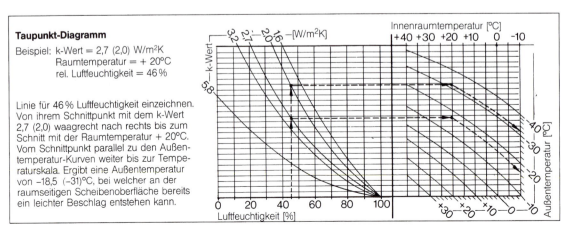

Taupunkt-Diagramm

Beispiel: k-Wert = 2,7 (2,0) W/m²K
Raumtemperatur = + 20°C
rel. Luftfeuchtigkeit = 46%

Linie für 46% Luftfeuchtigkeit einzeichnen. Von ihrem Schnittpunkt mit dem k-Wert 2,7 (2,0) waagrecht nach rechts bis zum Schnitt mit der Raumtemperatur + 20°C. Vom Schnittpunkt parallel zu den Außentemperatur-Kurven weiter bis zur Temperaturskala. Ergibt eine Außentemperatur von −18,5 (−31)°C, bei welcher an der raumseitigen Scheibenoberfläche bereits ein leichter Beschlag entstehen kann.

PROBLEME ERKENNEN UND VERMEIDEN   37

△ Die Grafik veranschaulicht, wie stark die Innentemperatur eines Wintergartens unter verschiedenen Gegebenheiten ansteigt.
Gestrichelte Linie= ohne Sonnenschutz
Durchgehende Linie= mit Sonnenschutz
Die Ziffern bedeuten:
1 = 2,5 facher Luftwechsel/h
2 = fünffacher Luftwechsel/h
3 = zehnfacher Luftwechsel/h
4 = fünfzigfacher Luftwechsel/h

DAS PROBLEM: DIE PFLANZEN

Sie wachsen ungenügend, die Blätter werden gelb oder braun und sind von Schädlingen befallen. Tropische Pflanzen leiden im Sommer unter zu großer Helligkeit und ihre Blätter „verbrennen". Im Winter ist es ihnen zu kalt. Dann werfen sie ihr Laub ab und gehen möglicherweise ein. Bei Trockenheit vertrocknet das Laub, bei zu viel Nässe vergilbt es. Die Pflanzen können auch unter Schädlingen leiden, was trotz guter Vorsorge meist kaum zu vermeiden ist.

Aber: Pflanzen können auch Probleme machen, wenn sie keinerlei Wachstumsstörungen aufweisen, sondern das Gegenteil eintritt. Das heißt, wenn sie zu üppig wachsen.

ABHILFE:

• Bei der Pflanzenauswahl die Ansprüche an den Standort genau beachten: Tropische Pflanzen für Wohn-Wintergärten, subtropische für Wintergärten, deren Innentemperatur nachts und im Winter deutlich kühler ist.
• Eine gleichmäßige Bewässerung vorsehen (evtl. automatische Tröpfchenbewässerung).
• Die neue Bepflanzung zumindest im ersten Sommer vor zu viel Hitze schützen.
• Nützlinge (Bestellgutschein im Gartenfachhandel) wie Australische Marienkäfer, Florfliegen, Nematoden, Raubmilben gegen Blatt- und Wollläuse, Spinnmilben, Thrips und Dickmaulrüssler-Larven einsetzen. Vorbeugend „Gelbtafeln" (Gartencenter) gegen den Befall durch fliegende Schädlinge aufhängen.
• Bei rasantem Pflanzenwuchs bleiben zwei Möglichkeiten. Entweder man schneidet und stutzt die Zweige zwei- oder dreimal pro Jahr oder man sieht sich nach einer Alternative um, die etwas bescheidener ist, und weniger stürmisch wächst (siehe „Wirkungsvoll bepflanzen", Seite 83)

DIE RICHTIGE WAHL

Der erste Schritt vor der Planung und Realisierung eines Wintergartens sollte der Information dienen. Schließlich wird er einer der wichtigsten und folgenreichsten sein. So wird der persönliche Wissensstand dadurch gründlich erweitert und man kann die unterschiedlichen Konstruktionen von Wintergärten besser verstehen und vergleichen.

Beim aufmerksamen Gegenüberstellen sind viele Punkte zu erkennen, die für den eigenen Bau übernommen werden könnten; Negativbeispiele können als Erfahrung gleichermaßen hilfreich sein. Das Besichtigen und damit Vergleichen der verschiedenen Architekturen und Nutzungen eines Wintergartens sind immer lohnend. Während sich der unbefangene Besucher mehr von dem „Hellraum" und vom Duft exotischer, verschwenderischer Flora, die unter Glas zu üppigen Gärten heranwächst, faszinieren lässt, bleiben für den architektonisch geschulten Fachmann andere Dinge interessant: die Architektur des Wintergartens und die Harmonie des gesamten Gebäudes, die Anbindung an den Baukörper des Kernhauses, die Statik, die Materialien der Konstruktion und vor allem die Durchführung der Idee, die dem Anbau zugrunde liegt und die Genehmigung des Baus.

Großes Interesse gilt aber auch der Verglasung: die Art der Profile und Sprossen, das verwendete Glas, ob Einfach-, Isolier- oder Wärmeschutzglas, die Dichtung und Versiegelung. Schließlich ist abzulesen und oftmals von den Eigentümern oder Mietern direkt zu erfahren, wie sich Konstruktion und Bauweise über einen längeren Zeitraum bewährt haben. Erfahrungen, die im Wintergarten an heißen Sommer- und kalten Wintertagen gemacht wurden, geben Auskunft über die Qualität des Glasgebäudes.

Es zahlt sich immer aus, wenn die Zeit der Information für gründliche Überlegungen, Prüfungen des eigenen Budgets und Qualitäts- und Preisvergleiche genutzt wird. Kritische Fragen sind aber nicht nur an den Architekten und die ausführende Firma zu richten. Auch sich selbst und seine Familie gilt es gründlich zu prüfen, wie der Wintergarten, der Glasanbau oder das in konsequenter Solararchitektur gebaute Haus genutzt werden sollen. Von dem so genannten „Benutzerverhalten" hängt es ab, ob vor allem das ökologische Glashaus mit allen Konsequenzen akzeptiert wird – mit Hitze im Sommer und Kälte im Winter.

Wenn man sich ausreichend informiert hat, heißt es, den eigenen Nutzungsanspruch zu definieren, der in engem Konsens mit dem Klima des geplanten Wintergartens (ganzjährig beheizt oder nicht) steht. Die Frage der Wohnqualität kann nur subjektiv beantwortet werden und muss von jedem Bauherren selbst entschieden werden. Fachleute, ob nun Architekten, Planer oder Wintergartenanbieter stehen zur Seite, wenn es um die verschiedenen Möglichkeiten geht. Schließlich steht oft nicht der Traum-Wohnkomfort zur Diskussion, sondern ein realistischer, bezahlbarer Komfort, der ein Haus durchaus zu einem Traumhaus werden lassen kann.

Die spätere Nutzung bestimmt das Raumklima. Da es technisch keinerlei Schwierigkeiten bedeutet, jede gewünschte Variante zu erstellen, entscheidet nur die Art, wie der Glasraum genutzt werden soll, über die Architektur und die Ausstattung. Wenn der Wintergarten ganzjährig in den Wohnbereich einbezogen werden soll, bedeutet dies meist eine Erhöhung von Energiekosten. Wer trennende Wände und Türen zwischen dem gläsernen Hellraum und dem Kernhaus weglässt, reduziert die Speicherflächen des Hauses und erhöht den Kostenaufwand durch die Zusatzheizung im Winter ganz erheblich. Nicht weniger großzügig können Lösungen sein, die mehr nach energetischen Grundsätzen ausgerichtet sind. Die Öffnung des Hauses zum Wintergarten bei Wärmeüberschuss durch Sonnenenergie oder die Möglichkeit, die Räume klimatisch zu trennen, wenn es draußen kühl geworden ist, kann zu einem ungewöhnlichen und vor allem ungewohnten Reiz führen. Der Wechsel der Wohn- und Sitzbereiche entsprechend der Behaglichkeit erfordert aber Mobilität der Benutzer. Der Umgang mit der Natur, mit Pflanzen, mit dem häufig wechselnden Klima innerhalb des Glashauses verlangt von den Bewohnern Einfühlungsvermögen und Anpassungsbereitschaft. Trotz aller technischen Raffinesse bleibt der Wintergarten, bei dem die Vorteile der passiven Solarenergie ausgeschöpft werden sollen, nicht im üblichen Sinne pflegeleicht wie das erweiterte Wohnzimmer, das auf gleichmäßiger Temperatur wie das gesamte Haus gehalten wird.

Die Grenzen zwischen einem unbeheizten, ökologischen Wintergarten und einem voll klimatisierten Wohnraum unter Glas sind fließend. Wie in den meisten Fällen die Glashaus-

▽   Ungewöhnlich, aber sehr gelungen: Der Anbau für die
Erweiterung des Eingangsbereichs als heller Wintergarten.
In den 2,50 Meter tiefen Vorbau wurden (rechts) eine große
Garderobe und Dusche mit WC für Gäste eingebaut. Das Dach
sollte zunächst verglast werden. Wegen der befürchteten Überhitzung entschlossen sich die Bauherren zu einer Zinkblechabdeckung (Regine Beckmann und Georg Wenzel Architekten BDA).

größe variiert werden kann, lassen sich auch die klimatischen Verhältnisse individuell einrichten. Und wer sich bei einem geplanten Neubau für einen Energiespar-Wintergarten entscheidet, für den wird das Wohnen unter Glas zu einem ganz neuen Erlebnis.

Wer nicht nur die Baukosten niedrig halten möchte, sondern auch die Folgekosten, wählt am besten den Typ des ökologischen Wintergartens, in dem die Temperatur im Glashaus während der Wintermonate auf minimal fünf Grad sinken wird. Auch wenn an Sonnentagen trotz Eis und Schnee das Thermometer gelegentlich auf 15 Grad und darüber ansteigt, verbleiben durchschnittlich zwei bis drei Monate, in denen der Wintergarten nicht bewohnbar ist, weil es zu feucht-kalt darin ist.

40 OPTIMAL PLANEN

▽ Die einfühlsame Architektenplanung ließ hier einen ungewöhnlichen gläsernen Gartenraum entstehen, der vor allem an den kühleren, aber sonnigen Tagen von Frühling bis Herbst genutzt wird. Siehe Projekt Seite 174 (Architekt Ivan Grafl).

▽ Ein Wintergarten ganz nach Maß. Die Architektursprache des vorhandenen Hauses gab die Bauweise und Ausstattung des Glasanbaus in Holzkonstruktion vor. An den drei verglasten Seiten führen Türen in den Garten. Das Dach in dem ebenen Bereich ist begehbar und wird als Terrasse genutzt (Cornelius Korn GmbH).

ARCHITEKTEN ALS PLANER, ENTWERFER UND RATGEBER

Beim Vergleich von Angeboten sind Architekten die unabhängigsten Fachleute, die über Vor- und Nachteile von Materialien und Systemen Auskunft geben können. Es ist selbstverständlich, dass Architekten zur Planung eines Neubaus hinzugezogen werden. Aber auch beim nachträglichen Anbau eines Wintergartens bewirken sie die bessere Lösung, erarbeiten den energetisch sinnvollen und oftmals ökonomischen Entwurf und realisieren einen optisch filigranen und in jeder Hinsicht maßgeschneiderten Glasanbau. Als Partner – nicht nur in allen Pflanzenfragen – empfehlen sich Landschaftsarchitekten, die die natürliche Einbindung des Glashauses in das Grundstück garantieren, bei einem nachträglichen Glasanbau den neuen Standort der Terrasse festlegen und die Innenraumbegrünung in Zusammenarbeit mit Grünplanern übernehmen.

Architektenrat zahlt sich immer dann aus, wenn keine Standardlösung gefragt ist, auch wenn zusätzliche Honorarkosten in Höhe von zehn bis fünfzehn Prozent anfallen. Die Planungsphase verzögert zwar den Bau im Vergleich zu einem Wintergarten „von der Stange", wobei jedoch Fehler und Missverständnisse beizeiten ausgeräumt oder neue Überlegungen, Gedanken und Wünsche noch vor Auftragsvergabe oder Baubeginn berücksichtigt werden können. Insofern ist eine längere Planungsphase eine durchaus gute Investition in den „richtigen Wintergarten".

Bei komplizierteren Anbauten kann es gerechtfertigt und notwendig sein, dass der Architekt außer einer perspektivischen Ansicht ein Modell von seinem Entwurf fertigt. An solch einem dreidimensionalen Schaustück lässt sich erkennen, wie sehr das bestehende Haus durch einen Glasanbau verändert wird, ob die Proportionen und die Größe des Glashauses stimmen und wie gut sich der geplante Glasanbau in die bestehende Architektur einfügen wird.

Das Angebot von Herstellerfirmen ist sehr groß. Mit dem wachsenden Interesse der Bauherren für die Glasarchitektur haben zahlreiche Firmen den Markt für sich entdeckt. Von dieser Entwicklung profitieren alle, denn die Konkurrenz führte in ungeahnter Schnelligkeit zu einer enormen Qualitätsverbesserung der Konstruktionen. Während sich viele Bauherren noch vor wenigen Jahren entweder mit einer zu leichten Gewächshauskonstruktion zufrieden geben mussten oder auf klobige Bauweise angewiesen waren, ist heute

DIE RICHTIGE WAHL

▽ *Ein Wintergarten sollte für Pflanzenliebhaber ein Garten unter Glas sein. In diesem Fall wünschten sich die Bauherren viel Grün, weshalb das Glashaus die Dimensionen eines Gewächshauses erhielt und mit 150 Quadratmetern Grundfläche sogar geringfügig größer ist als das Kernhaus, das eigentliche Wohnhaus (LOG ID/Prof. Dieter Schempp).*

▽ *Der Balkon der schönen Hamburger Stadtvilla wurde wetterbedingt zu wenig genutzt. Grund genug, ihn mit einem komfortablen Wintergarten zu überdachen, der nicht (oder fast nicht) wie ein nachträglicher Anbau wirkt (Das Glashaus, C. Busch).*

das Angebot umfangreich und vielseitig. Viele Firmen bieten eine solide Beratung, die auf die Wünsche der Bauherren und die Gegebenheiten des geplanten Standortes eingehen. Einige Anbieter offerieren Serienmodelle in kleineren Dimensionen. Bei der Mehrzahl handelt es sich um System-Wintergärten und Modell-Wintergärten (Schüco). Wie nach einem Baukastensystem kann sich jeder aus den Profilen das gewünschte Haus zusammenstellen lassen (Schennjesse, Sunshine-Wintergarten GmbH). Die Spannbreite dieser Glashauskonstruktionen ist gewiss um ein Vielfaches größer als bei den Serienmodellen. Auch für Selbstbauer interessant: Es werden komplette Bausätze (die im Werk aufgebaut werden) angeboten, die wahlweise angeliefert oder – vielleicht preiswerter – im Werk abgeholt werden können. Alle Hersteller und Anbieter von Wintergärten sind hilfsbereit, wenn es um die Beschaffung der Unterlagen für den erforderlichen Bauantrag und den statischen Nachweis geht.

DIE EIGENLEISTUNGEN RICHTIG EINSCHÄTZEN

Der Wunsch, Kosten zu sparen, ohne die Qualität des Glashauses zu verringern, ist nahe liegend. In der Planungsphase kann der Entwurf den Etatforderungen angepasst werden. Exakte Kosten liegen vor, nachdem die Angebote der Herstellerfirmen geprüft worden sind. Allzu groß dürfen die Erwartungen bei einem ungeübten Hobbyheimwerker in Bezug auf die Ersparnis nicht sein. Der Erdaushub, die Anlage des Kiesspeichers unter dem Fußboden, wenn er gewünscht wird, der Bau des Fundamentes sowie die Vorbereitung des Geländes, damit die Lieferfirma das Glashaus ungehindert erstellen kann, sind Arbeiten, die jedermann ausführen kann. Damit hören meist die Eigenleistungen auf. Ob weiterführende Arbeiten übernommen werden können, welchen Kenntnisstand man braucht, wie viel Zeit für den Aufbau eingeplant werden muss, und wie viele Helfer zur Verfügung stehen müssen, sollte mit dem Architekten oder der Lieferfirma rechtzeitig besprochen werden. Denn für die Kosten, die unter Umständen bei einem Schaden durch unsachgemäße Arbeit entstehen, muss der Bauherr selbst aufkommen. Ein Anspruch auf Gewährleistung (die Frist beträgt bei Abschluß eines Werkvertrages vom Tage der Abnahme fünf Jahre) besteht in diesem Fall natürlich nicht. Für eine falsche Planung oder statische Berechnungen sind der Architekt, der Statiker oder die Firma, die den Wintergarten geplant, geliefert und gebaut hat, verantwortlich.

PLANUNG DES WINTERGARTENS

In dem Stadium der Vor- und Entwurfsplanung kann und sollte es sogar durchaus kontrovers zwischen Architekt und Bauherren zugehen. Zu verschieden sind oftmals auf beiden Seiten die Vorstellungen von dem künftigen Haus und seinen Entstehungskosten. Wer mit der Sonne bauen will, um dadurch Baukosten zu sparen, wird sich aber vom Fachmann eines Besseren belehren lassen müssen. Die erhoffte Kostensenkung kann frühestens nach zehn Jahren eintreten. Es ist möglich, dass der finanzielle Kostenaufwand sogar grösser ist als bei einer konventionellen Bauweise.
Nicht nur um sich rechtzeitig über die Kostensituation zu informieren – vor allem auch um das Haus auf die Wünsche und Gewohnheiten der Bauherren rechtzeitig abzustimmen, sind eine frühe und laufende gemeinsame Planung und die Teilnahme der späteren Hausbewohner am Entstehungsprozess die besten Wege zu einem maßgeschneiderten Wintergarten oder einem Glasanbau.
Neben vielen anderen Aspekten, den geforderten Raumgrößen, den besonderen, sich verändernden Wünschen der Bauherren, beeinflusst die passive Solarnutzung das architektonische Konzept eines Hauses ungewöhnlich stark. Wer sich nicht darüber hinwegsetzen möchte, wird bald erfahren, dass sich geschlossene Baukörper in konventionellem Sinne nicht durchsetzen lassen. Im Wettstreit um wohnliche und funktionelle Zweckmäßigkeit und auch unter dem Einfluss neuer Bautechniken und niedrig angesetzter Budgets wurde der Begriff „Energie" oft unterbewertet.
In früheren Jahrhunderten wurden die klimatischen Vorteile eines Standortes sorgfältig abgewogen und genutzt. Der „genius loci" prägte die Architektur und Bauweise des Hauses, letztere fügte sich der Nachbarbebauung und Umgebung ein und war Ergebnis einer langen Bautradition. Dadurch wurde auch das ökologisch-psychologische Geflecht von Geborgenheit, Orientierung und Identifikation der Bewohner mit einem Ort unterstützt.
Der zulässige Grenzabstand, die Größe oder die Lage, die Verschattung durch bestehende Nachbarhäuser oder große Bäume sind wichtige Faktoren bei der Beurteilung eines Grundstücks. Kommt die Nutzung passiver Solarenergie hinzu, gilt es auf weitere Besonderheiten des Bauplatzes näher einzugehen. Grundstücke in Nord-Süd-Richtung

ermöglichen eine gute Sonnennutzung, wobei gewährleistet sein sollte, dass der Zugang im Norden liegt. Günstig wirkt sich eine nach Süden geneigte leichte Hanglage (bis zehn Grad) aus, die im Winter bis zu 30 Prozent mehr Globalstrahlung empfängt als ein ebenes oder nach Norden geneigtes Grundstück.
Mit dem Begriff der Globalstrahlen werden die direkte und die indirekte, die diffuse Strahlungsintensität, bezeichnet. Da in unserer Klimazone der Anteil der diffusen Strahlung im Durchschnitt die Hälfte der anfallenden Sonnenenergie ausmacht, müssen passive Solarkonzeptionen in der Lage sein, sowohl direkte als auch indirekte Strahlung gleichermaßen nutzen zu können.
Neben Hinweisen auf die Sonnenscheindauer sind allgemeine Klimadaten von Interesse. Der Deutsche Wetterdienst in Offenbach gibt durch Wetterstationen und das „Deutsche Meteorologische Jahrbuch" umfangreiche Hinweise auf Temperaturen, Luftfeuchtigkeit, Regen sowie Windrichtung und -stärke. Die Topografie eines Landstrichs zeichnet Möglichkeiten auf, wie die geplante Glasarchitektur in die Gegebenheiten eingefügt werden kann. Letztendlich entscheidend aber wirkt sich das Mikroklima des zur Disposition stehenden Baugrundstücks aus. Hier sind von Bedeutung:

◁ *Der zweigeschossige Wintergarten liegt auf der Nordseite vor zwei getrennten Wohnungen eines Berliner Wohnhauses, in dessen Ziegeldach das Glasdach mit flacherer Dachneigung eingeschuppt ist (siehe auch Abbildung unten).*

▽ *Die großen Schiebeelemente lassen sich großflächig zum Garten hin öffnen. Die Stahlrohrkonstruktion mit der extrem schlanken, 4 cm breiten Sprosse ist inzwischen als Serienprodukt weiter entwickelt worden (Andreas Reidemeister, Joachim W. Glässel Architekten BDA; Beratung Glasbau: Steinmetz).*

Nebelbildung, Luftverschmutzung oder Schnee- und Windbelastung, die mit zunehmender Höhe ansteigen. Mulden und Senken, in denen sich Kaltluft sammelt, können die Temperatur um einige Grad gegenüber der nahe liegenden Ebene oder dem sanften Hang verringern. Auch die Nachbarbebauung und die geplanten oder möglichen Projekte laut Bebauungsplan sind von allergrößtem Interesse. Und wenn die Besitzer einer Eigentumswohnung ihre Terrasse oder den Balkon verglasen lassen möchten, benötigen sie die Zustimmung aller Eigentümer des Grundstücks. Hier ist es ein guter Rat, sich zunächst die grundsätzliche Billigung geben zu lassen, bevor man zu stark in eine detaillierte Richtung geht.

Wenn bereits Bäume und Sträucher auf dem Grundstück wachsen, lassen sich der geplante Hausentwurf und die Wahl des Standortes unter Umständen darauf abstimmen. Ein Ahorn, eine Eiche oder Linde, die im Herbst ihr Laub abwerfen, sind allerdings eher ein willkommener Sonnen-

44 OPTIMAL PLANEN

▽ Im oberen Haus ist der Wintergarten in Stahlkonstruktion das Herzstück des Gebäudes. Die gesamte Fassade des Wintergartens kann aufgeklappt werden, dann ergibt sich ein offener, aber überdeckter Bereich. Die Beschattung erfolgt temperaturabhängig durch Rollos. Die Pflanzen unter Glas werden computergesteuert bewässert.

▽ Der skizzenhafte Gebäudeschnitt und die Ansicht zeigen, wie ein Grazer Architektenehepaar die beiden Häuser für ein Geschwisterpaar und ihre Familien in das Grundstück mit starker Hanglage einfügen möchte (siehe Abbildungen rechts).

▽▽ Das Modell des geplanten Projektes zeigt die gemeinsame Architursprache, in der die beiden Wohnhäuser auf dem schmalen Grundstück gebaut wurden (Szyszkowitz-Kowalski, Architekten).

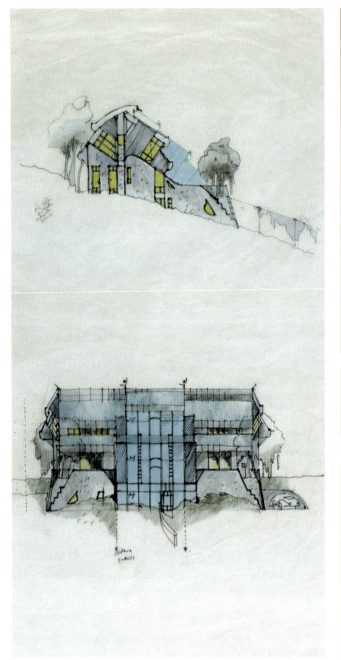

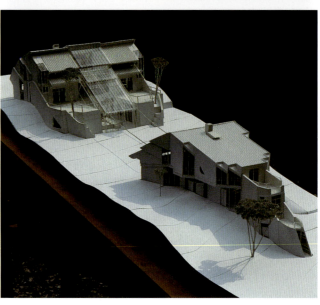

GEORG RIHA, WIEN, WERKFOTOS (2)

PLANUNG DES WINTERGARTENS 45

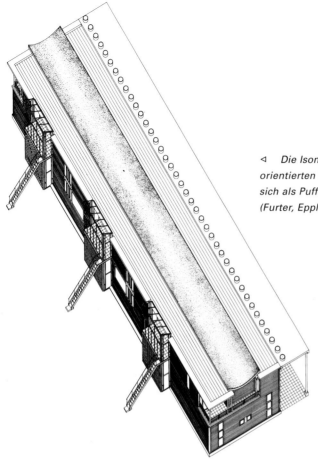

◁ Die Isometrie veranschaulicht die Proportionen des nach Süd-Westen orientierten Wohn- und Bürogebäudes. Die unbeheizten Wintergärten haben sich als Pufferzone mit positiver Wärmebilanz sehr bewährt. Siehe Seite 46 (Furter, Eppler, Stirnemann, Architekten).

schutz als eine hohe Fichte oder Kiefer mitten auf dem Grundstück, die auch im Winter viel Schatten werfen, wenn die Sonneneinstrahlung dringend benötigt wird. Doch erfordern auch Laubbäume eine sorgfältige Berücksichtigung im Planungskonzept, da das dichte Geäst von Birke oder Eiche in den Wintermonaten erheblichen Schatten (von bis zu 40 Prozent) werfen kann.

Nach ausführlicher Beurteilung des Grundstücks kommt dem Standort des Hauses die wichtigste Bedeutung zu. Das Ziel ist eine optimale Ausnutzung der Sonneneinstrahlung und Umwandlung in Heizwärme für das Kernhaus. Unter Verwendung von Sonnenbahndiagrammen lässt sich die Sonnenwärme auf Flächen und Isolierverglasung verschiedener Neigungen und beliebiger Orientierung nach Tages- und Jahreszeit genau ablesen. Eine schnelle Aussage über die „Sonnbarkeit" eines Punktes erlaubt ein recht einfaches Gerät, das Horizontoskop nach Tonne. Es wird, wie auch der Diagrammsatz Sonnenwärme, vom Institut für Tageslichttechnik Stuttgart, Schwarzbachstr. 52, 70565 Stuttgart, angeboten. Nach Ausrichtung (mit Hilfe von Kompass und Wasserwaage) lässt sich über einer für einen bestimmten Breitengrad geltenden Skala an den reflektierenden Umrissen des vorhandenen oder geplanten Hauses ablesen, wann der betreffende Punkt, an dem das Gerät steht, von der Sonne beschienen wird. Das Horizontoskop lässt sich nicht nur draußen auf dem Grundstück einsetzen, sondern ebenso gut bei der Beurteilung eines gezeichneten Entwurfes.

Der Gebrauch des Sonnenverlaufdiagramms oder des Horizontoskops ermittelt schnell, wie sehr die Sonne ihre Himmelsbahn verändert. Während sie im Sommer mittags fast im Zenit steht, steigt sie im Winter nur flach über den Horizont. Diese Tatsache nimmt Einfluss auf die Orientierung des Wintergartens oder den geplanten Glasanbau. Damit auch in den kühlen Wintermonaten die flache Sonneneinstrahlung ins Haus gelangt, empfiehlt sich die Öffnung des Hauses nach Süden. Sie bietet den höchsten Grad der Nutzung für passive Solarenergie.

Eine Abweichung nach Osten, aber auch nach Westen um 25 Grad kann eine Einbuße an Sonnenenergie bis zu zehn Prozent zur Folge haben. In jedem Fall sollte jedoch gewährleistet sein, dass die direkte Besonnung nicht beeinträchtigt wird.

Wer die Wahl des Standortes hat und keine Rücksicht auf bauaufsichtliche Belange nehmen muss, entscheidet sich für die ökologisch sinnvolle Süd-West-Orientierung. Obgleich die Ost- und Westseite mit gleichen Mengen an Globalstrahlung bedacht werden, sind Westlagen die besseren Positionen. Am Nachmittag liegen die Außentemperaturen meist höher als am Vormittag, wenn beispielsweise noch morgendlicher Hochnebel eine rasche Erwärmung der Luft behindert.

Je stärker die Ausrichtung des Gebäudes aus der Nord-Süd-Achse abweicht, umso eher ist zu befürchten, dass sich die Räume unter Glas im Sommer zu stark aufheizen. Nach Osten oder Westen gerichtete Glasräume sind gerade von Juni bis August morgens und abends großer Hitze ausgesetzt. Dies kann auch im Geschosswohnungsbau, wenn eine ausreichende Querlüftung und ein umfassender Sonnenschutz fehlen, unangenehm werden. Eine Faustregel: Die wohl proportionierte Orientierung eines Gebäudes sieht vor, dass die Südfassade etwa 1,5-mal länger sein sollte als die Ost- oder Westseite.

Es gibt kein allgemein gültiges Rezept, nach dem der Standort eines Wintergartens festgelegt werden soll. Ganz gleich, ob ein neues Haus geplant oder ein bestehendes Gebäude erweitert, saniert oder umgebaut werden soll, es ist in jedem

46 OPTIMAL PLANEN

▽ Klare Formen bestimmen Gebäude und Wintergarten, bei dem auf eine Beschattung verzichtet wurde. Über die Treppe gelangt man in den Garten. Der Oberlichtflügel wird zum Lüften und zum Aufstieg auf das begehbare Flachdach geöffnet (Furter, Eppler, Stirnemann, Architekten).

Fall ein vordringliches Ziel, daran mitzuarbeiten, unsere Verbindung zur Natur wieder enger zu knüpfen. Wohnhäuser sollten die natürliche Umwelt einbeziehen und die Trennung zur nahen Umgebung durch eine aus der Umgebung reflektierte Architektur und eine vegetationsreiche Ausstattung so gering wie möglich halten. Und wenn dies nicht gelingt, sollte wenigstens erreicht werden, dass der Wintergarten eine Mittlerrolle zwischen der gebauten Architektur und der Natürlichkeit des Gartens oder im weiteren Sinne der Landschaft übernimmt. Dazu können Architekt und die späteren Bewohner des Glashauses in der Planungsphase einen wesentlichen Beitrag leisten.

DIE ENERGIEBILANZ

Zu einem wesentlichen Bestandteil erfolgreicher Planung kann die Anfertigung einer Energiebilanz werden. Sie gibt Auskunft über Wärmegewinne, Wärmeverluste und über die Effektivität bestimmter Maßnahmen, vergleicht „Glashäuser" mit konventionell gebauten Häusern. Anhand konkreter Planungs- und Entwurfsunterlagen machen Fachberater für Haustechnik Angaben über die Qualität des geplantes Standortes. Eine Energiebilanz wird meist als Gutachten in Auftrag gegeben mit der Aufgabe, die Orientierung, die Qualität der Isolierglas-Arten, aber auch die Architektur und wärmespeichernde Maßnahmen auf das Ergebnis der Bilanz abzustimmen beziehungsweise zu korrigieren. Dasselbe Ziel haben umfangreiche virtuelle Berechnungen, die mit Computertechnik von Ingenieurbüros für Bauphysik durchgeführt werden. Je präziser die Architektenvorlagen sind, umso exakter sind die Empfehlungen, die sich aus der Energiebilanz der Berechnungen ergeben und die Konstruktion und die Materialwahl beeinflussen können. Beispiele siehe Seite 124.

BAUGENEHMIGUNG

Der Anbau eines Wintergartens an ein bestehendes Gebäude, auf ein Dach oder der Neubau mit integrierten Glasbauteilen macht es notwendig, die planungsrechtlichen Voraussetzungen zu prüfen. Auch bei einem kleinen, aber ständig bewohnbaren Wintergarten ist derselbe Behördenweg zu beschreiten, wie es bei der Planung eines konventionellen An- oder Neubaus selbstverständlich ist.

Da das Bauordnungsrecht Länderrecht ist, bestehen in den einzelnen Bundesländern voneinander abweichende Regelungen: Es gibt keine allgemein gültige Regelung über erforderliche Baugenehmigungen. Deshalb muss jedes geplante Bauvorhaben von der zuständigen Baubehörde oder dem Bauamt geprüft werden. Kleine Anbauten (15 m³ umbauter Raum) sind in der Regel genehmigungsfrei.

Von entscheidender Bedeutung ist stets die Antwort auf die Frage, ob das geplante Glashaus als Aufenthaltsraum dienen soll, der „zum nicht nur vorübergehenden Aufenthalt für Menschen bestimmt ist oder nach Lage und Größe für diesen Zweck benutzt werden kann". Inwieweit der Wintergarten ein Aufenthaltsraum ist, bestimmt letztlich der Bauherr selbst durch die Angabe der geplanten Art der Nutzung. Handelt es sich um einen ständig bewohnbaren, beheizten Glasanbau, müssen auch die entsprechenden Anforderungen erfüllt werden. Dies sind eine ausreichende lichte Höhe, Beleuchtung mit Tageslicht, Sicherheitsglas im Überkopfbereich, Belüftung, Beheizung und vor allem der notwendige Wärmeschutz. Weist die großflächige Verglasung nicht den entsprechenden Wärmeschutz (gemäß der gültigen Wärmeschutzverordnung) auf – wobei es sich dann nicht um einen ganzjährig nutzbaren Aufenthaltsraum handelt –, müssen Trennwände zwischen Wohnräumen und Wintergarten den Mindestwärmeschutz für das Kernhaus gewährleisten.

Interessant sind Lösungen, die als (meist unbeheizte) Nebenanlagen eingestuft werden, weil sie keine Aufenthaltsräume sind. So sind Gewächshäuser „Bauwerke, die zur Kultur und Unterbringung von Pflanzen dienen und ausschließlich von Personen zur Betreuung der Kulturen betreten werden" (aus DIN 11535, Punkt 1 u. 2). Wintergärten gelten häufig als gewächshausartig ausgebildete Vorbauten. Wenn sie an ein Wohnhaus gebaut werden, ändert dies nichts an ihrer Einstufung.

Die Einordnung als Nebenanlage bringt manchen Vorteil, weil solche Bauten nicht auf die zulässige Grundfläche und Geschossfläche angerechnet werden und auch nicht der Wärmeschutzverordnung und den strengeren statischen Anforderungen für Aufenthaltsräume unterliegen. Während ein ringsum verglaster, als Aufenthaltsraum genutzter Wintergarten nicht in den Bauwich (Bauflucht, Häuserzwischenraum) ragen darf, ist dies für ein Gewächshaus oder einen verglasten Vorbau durchaus gestattet. Hier gibt es also zahlreiche Varianten, ein Grundstück besser nutzen zu können.

Welche Möglichkeiten und Spannweiten sich daraus ergeben, bedarf einer individuellen Prüfung durch den Architekten und der Zustimmung der Bauprüfabteilung. Deshalb ist es unabdingbar, sich sehr rechtzeitig während der Planungsphase über die Einstufung zu informieren.

Das große Glashaus ist ein wichtiger Teil des Konzeptes für das Energiesparhaus, zu dem auch Kollektoren und eine Wärmerückgewinnungsanlage gehören (Ingo Gabriel, Jörn Behnsen).
PICTURE PRESS, HAMBURG/ JEANETTE SCHAUN

KONSTRUKTION, MATERIALIEN, VERGLASUNG, BE- UND ENTLÜFTUNG
KLIMAGERECHT BAUEN

KONSTRUKTION

Schon während der Planung sollte sowohl der Konstruktion als auch den zu verwendenden Materialien und Werkstoffen große Beachtung geschenkt werden. Sie greifen in die Überlegungen der Statik, der bauphysikalischen Aspekte, aber auch der Dimension und der Optik des Glashauses ein. Daraus ergeben sich folgende Gesichtspunkte:
- Bemessung der Konstruktion und des statischen Systems
- Tauwasserbildung (einschließlich der Abführung des Schwitzwassers)
- Anordnung der Be- und Entlüftung
- Konstruktive Ausbildung (mit der Verbindung zum Gebäude) und die Wahl der Werkstoffe.

Auch wenn die Baubehörde für einen kleinen Glasanbau keinen statischen Nachweis verlangt, muss ein statisch ausreichendes, frostfrei gegründetes Streifenfundament (oder eine Bodenplatte) geschaffen werden (am besten mit außenliegender Wärmedämmung). Außerdem gilt es, die vorgeschriebenen Lastannahmen für Schnee, Verkehrslast und Wind zu beachten.

Kritische Punkte, die stets mit besonderer Sorgfalt geplant und ausgeführt werden müssen, sind der obere Wandanschluss und der Sparren, der Traufpunkt sowie der Fußpunkt. Der Übergang von dem geneigten Glasdach zum senkrechten Glasunterbau ist so zu lösen, dass das Regenwasser sofort abgeleitet werden kann. Eine Staubildung durch falsche Profilierung und manchmal durch eine zu schmal dimensionierte Regenrinne kann zu Eisbildung im Bereich der Glaskanten führen und Glasbruch verursachen.

Während für die Konstruktion eines Gewächshauses oder Glasvorbaus einfache Lösungen und Konstruktionen genügen (die meist sogar isolierverglast, korrosionsbeständig und dazu preiswert angeboten werden), ist bei einem beheizten Wohnraum unter Glas eine höhere Qualität der Konstruktion und Materialien erforderlich.

Unabhängig davon, ob die Tragkonstruktion aus Aluminium, Holz, Kunststoff oder Stahl besteht, sollte sie wärmegedämmt sein. Eine solche Trennung der Konstruktionsprofile aus Metall (bei Holz wegen der geringen Wärmeleitfähigkeit nicht erforderlich) unterbindet zum Beispiel durch einen „isolierenden", das heißt trennenden Kunststoffkern oder eine Kunststoff-Ummantelung die Wärmeleitung von innen

nach außen. Je geringer der Wärmedurchgang dadurch wird, umso besser ist es für die Energiebilanz.

Die notwendige Unterkonstruktion sollte ferner garantiert korrosionsgeschützt sein, wie auch das verwendete Zubehör. Die Anschlüsse an First, Traufe, Dach, Wand und Boden sowie Eckausbildungen sind nicht nur wärmegedämmt, sie sind auch wasser- und möglichst sogar dampfdicht abzuführen. Die dichtstofffreien Glasfalze sind belüftet und mit einem Dränagesystem für eventuelles Auftreten von Schwitzwasser auszustatten. Neben einer sorgfältigen Versiegelung der Verglasung (Isolier-, Wärmeschutz- oder Sonnenschutzverglasung und im Dachbereich mit Verbundsicherheitsglas) kommt es schließlich auf die technische Ausstattung an, also die Anzahl und Anordnung der Lüftungsflügel (sie sollten schlagregendicht sein), die Art des außen- oder innenliegenden Sonnenschutzes sowie der Steuerung (manuell oder ganz automatisch per Thermostat).

KONSTRUKTION 51

◁ Kraftvoller Ziegelblock mit gläserner Hülle. In dem zweistöckigen Ziegelbau sind die Wohn- und Schlafräume untergebracht. Davor und darüber legt sich schützend der optisch leichte Wintergarten mit dem Satteldach (Architekturbüro Bienefeld).

▽ Die überdachte Terrasse ist zu einem wettergeschützten, mit Ausnahme des Kamins unbeheizten Gartenraum umgebaut worden. Es wurde eine freitragende Stahlrahmenkonstruktion mit rahmenloser Einfachverglasung (10 mm ESG, 10 mm breite Fugen) gewählt. Die Scheiben der Schiebetüren hängen an vier Lochbohrungen, unten stehen sie auf winkelförmigen Kurzstücken auf (Lorenz Robert Wehrle, Architekt).

MATERIALIEN UND WERKSTOFFE

Das Angebot von Materialien für Konstruktion und Sprossen ist vielfältig. Es umschließt Aluminium, Holz, Kunststoff, Stahl und in Ausnahmefällen Glas (siehe Seite 56), wobei Aluminium-Holz-Kombinationen aus konstruktiven oder optischen Gründen ebenfalls üblich sind.
ALUMINIUM wird am häufigsten verarbeitet. Es sind zumeist gezogene, stranggepresste Profile, seltener wird Aluminiumumguss angeboten. Die Oberflächen sind weiß oder andersfarbig pulverbeschichtet oder eloxiert. Aluminiumprofile können auf Unterkonstruktionen von Holz und Stahl montiert werden.
HOLZ erfordert nicht wie die anderen Materialien eine zusätzliche Wärmedämmung, da dieses poröse Material selbst alle dämmenden Eigenschaften in sich birgt. Es werden Western Red Cedar, heimische Kiefer, Oregon-Pine und tropisches Hartholz verwendet. Wer Umweltbedenken bei der Verwendung von Mahagoni oder Teakholz hat, sollte die Herkunft genau erfragen und sich bei Bedarf bescheinigen lassen. Es gibt spezielle Plantagen, die allein für den Verkauf dieser Exporthölzer angelegt wurden. Gerade bei Holz kommt es auf die richtige Konstruktion an, die darauf ausgerichtet ist, Wasserstau und damit Schäden durch Fäulnis zu vermeiden. Alle Sprossen sollten so bearbeitet oder verwendet werden, dass die Oberkante eine Schräge von mindestens 18 Grad und nur eine geringe Tiefe aufweist. Dann braucht Holz keinen besonderen Schutzanstrich. Trotzdem werden die Konstruktionen meist offenporig mit einer Lasur oder einem deckenden Lack versehen und dadurch vor dem Ausbleichen und Grauwerden bewahrt.
Aus Gründen der Haltbarkeit ist es ratsam, auf dunkle Anstriche zu verzichten. Während weiße Farben die Sonnenwärme gut reflektieren, heizen sich dunkel gestrichene Holzteile bis zu 80 Grad auf, wobei an vielen Stellen klebriges Harz austreten kann. Generell kann man sagen, dass nicht lackierte Hölzer (gewachst, druckimprägniert oder lasiert) einen natürlicheren Gesamteindruck ausstrahlen.
STAHL ist ein dichtes und schweres Material, das einbrennlackiert oder feuerverzinkt eingebaut wird. Er ist neben Gusseisen der Werkstoff der alten Wintergärten und erlaubt besonders große Spannweiten und die Verwendung schlanker Profile (in der Regel von 50 mm Breite). Im Vergleich: Bei

gleichen Profilabmessungen von 40 x 120 mm (Holz), 40 x 120 x 4 mm (Aluminium und Stahl) wären eine Spannweite und Gebäudetiefe von nur 2,22 Metern mit Holzprofilen möglich, mit Aluminium 3,00 Meter und mit Stahl 4,32 Meter.
KUNSTSTOFF zählt zu den neueren Materialien. Durch Glasfaser verstärkt oder in Verbindung mit Aluminium bieten diese unverrottbaren Materialien neue Einsatzmöglichkeiten. Die Konstruktionssysteme unterscheiden sich auch durch ihre Profilstärke, die materialabhängig sehr verschieden sein kann. Die meisten Wintergarten-Systeme haben eine Tiefe von vier bis sechs Metern.

MATERIALIEN UND WERKSTOFFE 53

◁ Vom Boden bis zum First ist der wohnlich eingerichtete Wintergarten ganz aus Holz gebaut. Die Konstruktion besteht aus Merantiholz, der Bodenbelag aus heimischer Fichte (Ghyzczy).

▽ Metall und Glas sind schnörkellose Materialien, die sich in einem modern empfundenen Stil bestens ergänzen (siehe Seite 154ff; Peter Romaniuk, Architekt).

▽▽ Individuelle Planung und Ausführung – einschließlich des schönen Bodenbelags lassen solch ein Kleinod entstehen (Marston & Langinger).

▽ Sorgfältige Beratung, überlegte Planung und stilsichere Material- und Farbwahl sind – wie hier realisiert – unerlässlich (Das Glashaus).

▽▽ Für den Garten unter Glas mit der romantischen Gewächshausatmosphäre ist Kies der schönste Belag. Der Nachteil: Die kleinen Steinchen werden leicht ins Haus getragen (LOG ID/Prof. Dieter Schempp).

▽ Gusseiserne Abdeckungen für den Heizkanal (Marston)

GLAS UND VERGLASUNG

Die positiven Eigenschaften von Glas, wie die hohe Lichtdurchlässigkeit, werden bei einem Wintergarten besonders wirkungsvoll sichtbar. Positiv ist, dass das Glas die energiereiche, kurzwellige Strahlung (Tageslicht) hineinlässt, aber für die langwellige Strahlung (Wärmestrahlung) nach außen undurchlässig ist. Durch diesen „Treibhauseffekt" kann die Wärme gespeichert und zeitverschoben an die Raumluft abgegeben werden.
Glas wird nach verschiedenen Kriterien bewertet:
g-Wert: Unter diesem Wert versteht man den Energiedurchlasswert der Sonnenstrahlung. Für wärmetechnische Berechnungen ist dieser Wert, der in Prozent ausgedrückt wird, wichtig. Er setzt sich aus direkter Sonnenenergie-Transmission und Abgabe von in der Verglasung absorbierter Sonnenenergie zusammen.
Beispiele für den g-Wert:
Einfachglas bis zu 87%
Isolierglas 70 bis 75%
Wärmeschutzglas 62%.
Die günstigen Werte für das Einfachglas werden aber durch hohe Wärmeverluste (hoher k-Wert) aufgehoben.
k-Wert: Als k-Wert wird der Wärmedurchgangskoeffizient als Maßeinheit für die Ermittlung des Wärmedurchgangs von Baumaterialien bezeichnet. Er gibt die Wärmemenge an, die pro Zeiteinheit durch einen Quadratmeter eines Bauteils bei einem Temperaturunterschied zur Umgebungsluft von einem Grad (1 K) hindurchgeht. Das bedeutet: Je kleiner der k-Wert ist, desto größer ist die Wärmedämmungseigenschaft eines Werkstoffes.
Beispiele für den k-Wert:
Einfachglas 5,7 (Glasstärke 6 mm)
Isolierglas je nach Scheibenzwischenraum 1,5 – 1,3
Wärmeschutzglas 1,1 und weniger.
Das für Wintergärten und Fenster verwendete Glas wird als Flachglas bezeichnet. Es gehört zu der Gruppe der Kalk-Natron-Gläser, die weitgehend aus Quarzsand, Soda und Kalkstein erschmolzen werden. Es werden zwei Verfahren unterschieden:
Das klar durchsichtige Spiegelglas wird im Floatglasverfahren hergestellt, das undurchsichtige Gussglas im Walzverfahren. Diese beiden Hauptarten von Flachglas werden auch

miteinander kombiniert. Gussglas kann durch ein Maschinenwalzverfahren auf den Oberflächen eine Ornamentierung erhalten, die eine günstige Lichtstreuung und je nach Art der Prägung auch eine gezielte Lichtlenkung bewirkt. Mit einer Drahtnetzeinlage, die in die flüssige Glasmasse eingewalzt wird, entsteht Draht- oder Drahtornamentglas. Nach DIN 18361 werden diese Arten zu den Gläsern mit Sicherheitseigenschaften gezählt (das Prüfzeugnis eines staatlichen Materialprüfungsamtes bietet Gewähr für ein einwandfreies Erzeugnis).
Zu den sogenannten Funktionsgläsern, die beim Bau eingesetzt werden, zählen Gläser mit besonderen Eigenschaften wie kombinierte Glaseinheiten (Isolierglas), die erhöhtem Wärme-, Schall-, Sonnen- und Brandschutz dienen. Solche Eigenschaften lassen sich auch in Isolier- und Sicherheitsgläsern kombinieren.
Sicherheitsgläser dienen dem Schutz vor Verletzung bei Glasbruch (passive Sicherheit) und/oder dem Schutz gegen Durchbruch oder im Ausnahmefall gegen Durchschuss (aktive Sicherheit). Neben dem erwähnten Drahtglas gehören dazu die Einscheiben- und Verbundsicherheitsgläser.

GLAS UND VERGLASUNG 55

◁   Undurchsichtiges Drahtglas als Brandschutz und als Sichtblende bei sehr enger Nachbarschaft und Isolierglas für den Bereich, in dem Ausblick erwünscht ist, siehe Seite 142 (Helmut Hesse, Architekt).

▽   „Café Bravo" im Hof einer ehemaligen Margarinefabrik, Berlin Mitte. Ein spiegelndes Juwel aus zwei quadratischen Kuben in neuester Glas-, Stahl- und Sichtbetonverarbeitung. Zwischen den glänzenden, spiegelpolierten Stahlstützen ist schweres Sonnenschutzglas (Antelio silber) gespannt. Siehe auch Seiten 58 und 59. (Architekten Nalbach + Nalbach, Hon. Prof. Johanne Nalbach nach einer Idee von Dan Graham).

56 KLIMAGERECHT BAUEN

▷ Bei „Planar Fittings" erfolgt die Fixierung der Glasscheibe durch konische Bohrungen und Gegenpressteller.

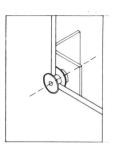

▽ Punktuelle Fixierungen der Glasscheiben („Planar Fittings") ersetzen die bislang üblichen Rahmen und Glashalteleisten, siehe Seite 128 ff (Hinrichsmeyer + Bertsch, Architekten BDA).

▽ Dachflächenfenster gibt es in vielen Varianten. Serienmäßige Fenster wie dieses sind fast um die Hälfte billiger als Sonderkonstruktionen (Art-Design).

Einscheiben-Sicherheitsglas (ESG) ist ein thermisch vorgespanntes Glas, das unempfindlich auf Temperaturschwankungen reagiert. Außerdem besitzt es eine sechsfache Widerstandsfähigkeit gegenüber normalem Floatglas. Bei Bruch zerfällt das Einscheibensicherheitsglas in ungefährliche Krümel.
Verbundsicherheitsglas (VSG) wird aus zwei Scheiben hergestellt, die durch eine durchsichtige, zäh-elastische Folie verbunden sind. Zu einem Verbundsicherheitsglas werden zwei und mehr Glasscheiben verbunden, wobei auch Gussglas oder Einscheiben-Sicherheitsglas verarbeitet werden. Bei Bruch hält die durchsichtige Folie die Splitter der Scheiben zusammen.
Panzerglas, das in Einzelfällen für Außenflächen oder für Treppen (siehe Seite 108) eingesetzt wird, ist ebenfalls ein Verbundglas.
Mehrscheiben-Isolierglas bezeichnet die Kombination von zwei und mehr Scheiben durch einen Randverbund unter Berücksichtigung eines Scheibenzwischenraums. Früher waren Isoliergläser unter der Bezeichnung „Thermopane" bekannt. Bei dem inzwischen überholten Verfahren wurden die Scheiben am Rand gelötet; heute wird Isolierglas glasverschweißt oder geklebt. Der Zwischenraum der Scheiben enthält kein Vakuum, wie oft angenommen wird, sondern getrocknete Luft oder ein spezielles Gas.
Wärmeschutzglas wird meist als Isolierglas ausgeführt, das dann zugleich als Schutz gegenüber dem Wärmeverlust aus dem Gebäude wirkt. Es werden zwei Methoden unterschieden: 1. Die getönte Scheibe (mit starkem Lichtverlust) absorbiert die Sonneneinstrahlung. Dabei heizt sich das Glas auf und gibt die Wärme nach außen und mit Verzögerung nach innen ab. 2. Eine hauchdünne Metallbeschichtung (Gold, Silber, Bronze) auf der Raumseite reflektiert die Einstrahlung nach innen zurück in den Wintergarten. Die Sonneneinstrahlung wird durch die Isoliergläser nicht oder nur geringfügig beeinflusst. Wenn der Glasanbau oder Wintergarten (fast) ganzjährig genutzt werden soll, kommt nur eine Isolierverglasung in Frage, am wirkungsvollsten ist die Wärmeschutz-Isolierverglasung. Dadurch wird die „Wohnqualität" des Glashauses angehoben und die Bildung von Schwitzwasser deutlich gesenkt. Aber Wärmeschutzglas ist wegen des Lichtverlustes für Pflanzen nachteilig. Es sollten dann schattenverträgliche Arten gewählt werden.
Für Schrägverglasungen im Dachbereich von Wohnräumen

GLAS UND VERGLASUNG 57

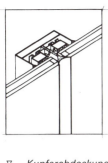 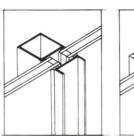 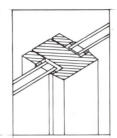

◁ Neue Fixierungsmethoden für Glasscheiben. Von links: Die Glasscheiben werden im Rahmen mit Glashalteleisten fixiert; die einseitig angeschraubte Pressleiste fixiert die Scheibe; verklebte Glasscheiben werden auf einer Rahmenkonstruktion in das Fassadentragwerk eingefügt („Structural Glazing").

▽ Kupferabdeckungen sehen häufig milieugerechter aus als stranggepresstes Aluminium. Deshalb wurden an diesem Wintergarten die 120 mm starke Holzkonstruktion und die 40 mm breiten Sprossen mit Kupferblech abgedeckt (Art-Design).

▽ Beste Materialien (Hartholz) und sorgfältige Verarbeitung, wie hier am Musterstück eines isolierverglasten Fensters oder einer Tür, sind die Garanten für lange Lebensdauer des Wintergartens und dauerhafte Freude (Marston & Langinger).

(Verglasung über Kopf) und für Senkrechtverglasung (z. B. bei verglasten Balkonen) bis zur Brüstungshöhe sind Sicherheitsgläser vorgeschrieben. Dies können Drahtglas, Acryl-Doppelstegplatten (Plexiglas) oder Isoliergläser sein, deren raumseitige Scheibe Sicherheitseigenschaften aufweist, wie etwa die äußere Scheibe als Floatglas, die innere Scheibe als Drahtglas, ESG oder VSG. Am besten ist die Kombination: äußere Scheibe ESG, innere Scheibe VSG.

Auch die senkrechte Verglasung sollte aus Isolierglas bestehen und wo ein Sichtschutz gewünscht wird, empfiehlt sich eine Kombination mit undurchsichtigem Gussglas.

Wer seinen Wintergarten mehr als Pflanzenhaus und weniger als Wohnraum nutzt, kann sein Glashaus nach Gewächshausnormen verglasen, das bedeutet unter anderem geringere Wärmedämmeigenschaften und Einfachverglasung. Diese Kostenersparnis lohnt sich jedoch oftmals nicht, weil die Nutzung des Wintergartens auf Grund der schnellen Auskühlung doch sehr eingeschränkt ist.

Glas, vor allem die Gläser mit Sicherheitseigenschaften, und Isoliergläser können am Bau nicht mehr zugeschnitten werden. Deshalb muss vor der Bestellung sehr genau aufgemessen werden! Der Scheibengröße von Gläsern kommt eine beachtliche Bedeutung zu. Es sollte der richtige Mittelwert zwischen dem Konstruktionsabstand der Sprossen und den maximalen Glasabmessungen gewählt werden. Das Sprossenraster für Schrägverglasungen kann mit oder ohne Quersprosse gestaltet werden. Ideale Abmessungen sind: Länge 2,00 und 2,50 Meter (min. 1,20 Meter, max. 3,60 Meter); Breite 60 cm (min. 30 cm, max. 130 cm). Der Neigungswinkel beträgt bei Schrägverglasung ohne Quersprosse mindestens 15 Grad und mit einer Quersprosse mindestens 30 Grad. Die Glasdicke, die (bis auf 1 bis 2% geringeren Lichteinfall je mm Glasstärke) keinen Einfluss auf die Funktion der Gläser ausübt, wird von verschiedenen Faktoren bestimmt, wie Gebäude über Grund, Scheibengröße, Neigungswinkel der Schrägverglasung, der Glasart (Float-, Guss- oder Sicherheitsglas) und dem Verwendungsort (Höhe über NN). In den meisten Fällen wird 24 mm starkes Glas mit 12 mm Zwischenraum gewählt.

Eine Besonderheit unter den Isoliergläsern für die Dachverglasung ist das Stufenisolierglas. Hier steht die obere Scheibe einige Zentimeter über und überdeckt den Glasstoß. Dadurch sind Quersprossen überflüssig. Kältebrücken werden vermieden und das Regenwasser läuft ab, ohne sich vor

58 KLIMAGERECHT BAUEN

▽ Der Innenraum des Café Bravo in Berlin Mitte (Auguststraße 69) bietet ein belebendes Wechselspiel von Reflexionen und Lichtspielen, das die Glasscheiben transparent erscheinen läßt. Die Eingangstür besteht aus VSG-Glas. Sie wird durch einen im Boden eingelassenen E-Motor bewegt, der durch Photozellen in der Tür gesteuert wird. Die sichtbaren Wände und Stützen, deren Oberfläche an polierten Marmor erinnert, wurden in Sichtbeton hergestellt (Schalung mit 10 mm Pappe belegt). Der Fußboden besteht aus flügelgeglättetem Zementstrich, der nach dem Austrocknen matt versiegelt wurde. Siehe auch Seite 55.

den Sprossen zu stauen. Allerdings muss gewährleistet sein, dass der Randverbund der Gläser in diesem Bereich vor ultravioletter Strahlung geschützt oder UV-beständig ist.
Wenn man seinen gläsernen Wohnraum so transparent wie nur möglich gestalten möchte, so gibt es heute auch die Chance, ihn ganz in Isolierverglasung auszuführen. Der Einsatz von Glas als tragendes Element ist in Deutschland konsequent noch nicht zugelassen, es gibt aber andere Möglichkeiten, die Konstruktion sehr filigran zu gestalten. Beim

„Structural Glazing" werden verklebte Glasscheiben in einer Rahmenkonstruktion in das Fassadentragwerk eingefügt. Dies erlaubt eine reine Glasoberfläche mit nur verklebten Fugen an der Außenseite. Wenn man das Tragwerk noch weiter minimieren möchte, kann man die Glasscheiben punktweise halten. Hierbei werden sie an den Seiten durch Löcher punktweise an einer innenliegenden Glaskonstruktion befestigt. Diese Konstruktion ist mit Isolierglas möglich, aber leider um einiges teurer als Einzelverglasung.

GLAS UND VERGLASUNG 59

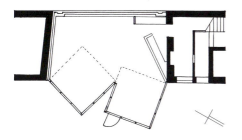

◁ *Grundriss M 1 : 300*
Da das Grundstück zu eng war, wurden die Kuben des gläsernen Kunstobjekts vor die Baulücke platziert (Architekten Nalbach + Nalbach, nach Dan Graham)

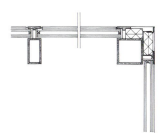

▽ *Die spiegelglatten Würfel aus scheibenbündigen Stahlprofilen schimmern wie ein Juwel zwischen rustikalem Straßenpflaster und geputzten Fassaden (Architekten Nalbach + Nalbach).*

△ *Der Vertikalschnitt des Traufpunktes zeigt den Einbau der spiegelpolierten Stahlrohre (100/100/8 und 100/50/8) und des Stufenisolierglases.*

▽ *Der Vertikalschnitt des Sockels zeigt (links) den Innenraum mit Zementestrich als Bodenbelag und dem Zuluftkanal am Sockel, auf dem die Glasscheiben (Stufenisolierglas) ruhen.*

Die zukünftige Entwicklung wird noch verbesserte Klebetechniken hervorbringen, die sich an den Kittverglasungen der alten Gewächshäuser orientieren. Hiermit sind, wie man sehr gut an den einfachverglasten Gewächshäusern des letzten Jahrhunderts sehen kann, filigrane Konstruktionen möglich und mit unserem heutigen Wissen und Materialien auch solche mit Isolierglas.

Als Material für die Verglasung werden gelegentlich auch Kunststoffe, darunter vor allem Acryl, verwendet. Das Plattenmaterial besitzt eine sehr große Lichtdurchlässigkeit (92%), die bräunende UVA-Strahlung wird fast ungehindert durchgelassen, und als Stegdoppelplatte besitzt es sehr gute Dämmeigenschaften.

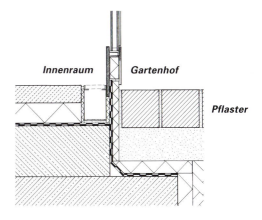

NORMEN FÜR GEWÄCHSHÄUSER

DIN 11535 „GEWÄCHSHÄUSER. GRUNDSÄTZE FÜR BERECHNUNG UND AUSFÜHRUNG".
Inhalt unter anderem: Begriffe, Lastannahmen, Standsicherheit, Windverbände, zulässige Spannung, bauliche Durchbildung.

DIN 11536 „GEWÄCHSHAUS IN STAHLKONSTRUKTION. FEUERVERZINKT, 12 M NENNBREITE".
Inhalt: Norm-Gewächshaus mit folgenden Maßen: Dachneigung: 1:2, entsprechend Neigungswinkel ca. 26,5 Grad
Stehwandhöhe: ca. 2,30 – 2,80 m
Glasmaße: 60 x 174 cm, 60 x 200 cm (Stehwand)
Rinnenbreite: 20 cm
Rastermaß: 3065 mm
Die genannte Dachneigung wurde festgelegt, um einen möglichst großen „Lichtgenuss" und durch großen Luftraum ein gutes Klima zu schaffen (und dadurch an der arbeitsaufwendigen Schattierung zu sparen), Schwitzwasser gut abführen zu können sowie die Häuser leicht schneefrei zu halten.

TECHNISCHE AUSSTATTUNG

Wintergärten können ganz individuell von Hand gesteuert, gelüftet und beschattet, aber auch vollautomatisch betrieben werden. Durch einen Thermostat gesteuert, werden Lüftungsklappen betätigt, Sonnenschutzanlagen bedient oder Ventile im Heizsystem geöffnet oder geschlossen, um die geforderte Temperatur exakt einzuhalten. Inwieweit der technische (und teure) Aufwand wirklich erforderlich oder wünschenswert ist, sollte vor dem Einbau geprüft werden. Wer häufig im Haus ist, kann selbst für eine Be- und Entlüftung des Wintergartens sorgen. Er muss sich aber beizeiten um eine Aushilfe kümmern, um sicher zu gehen, dass während seiner Abwesenheit (Urlaub) der Wintergarten nicht überheizt wird oder es bei einem Gewitter hineinregnet. Unabhängiger ist man natürlich bei automatisierter Technik.

Bei außenliegendem Sonnenschutz sind ein Regenwächter sowie ein Wind- und Sonnenwächter zum Schutz einer elektrisch betriebenen Markise notwendig. Beide Steuergeräte lassen sich im Bedarfsfall auch manuell betätigen. Wichtig bei diesen Geräten wie auch bei automatischer Belüftung ist eine vorgegebene Zeitverzögerung während der Bedienung. Sie sorgt dafür, dass bei laufend wechselnder Sonneneinstrahlung oder sich ändernder Windgeschwindigkeit die Anlagen nicht zu häufig betrieben werden.

Vorteilhaft ist die Anschaffung eines Ventilators zur Umwälzung der Luft (siehe Folge-Kapitel Be- und Entlüftung). Mit diesem preiswerten Gerät lassen sich Luftfeuchte und Wärme im Glashaus verteilen. Vor allem im Winter ist es wichtig, die kühle Luft am Boden mit der erwärmten Luft in dem oberen Bereich zu mischen. Immerhin beträgt der Temperaturunterschied im Wintergarten pro Meter Höhe 1 bis 1,5 Grad. Auch die Bepflanzung im Beet oder in Gefäßen kann automatisch durch einen Bewässerungscomputer betreut werden. Eine einfache Programmierung steuert die Tröpfchenbewässerung, wobei ein Feuchtefühler die Kontrolle über die Bodenfeuchtigkeit übernimmt. Eine individuelle Dosierung für jede einzelne Pflanze ist möglich, da die Tröpfchenbewässerung das Wasser punktuell abgibt. Auch die Düngung ist über solch ein System möglich.

Einmal abgesehen von der Konstruktion, der Wahl des Materials für die Profile und auch abgesehen von der Verglasung,

empfehlen die meisten Anbieter eine zweckmäßige Ausstattung. Dazu gehört ein Angebot von Dreh- oder Falttüren in verschiedener Größe sowie eine Anzahl an Dach- und Seitenfenstern. Außer Standardmaßen sind individuelle Anordnungen möglich. An Stelle von Kippfenstern können auch Dreh-Kipp-Fenster vorgesehen werden. Aber meist gehört das Sicherheits-Zylinderschloss in der Tür schon zum Extra. Sonderwünsche können oft nicht von dem Anbieter allein erfüllt werden. Erst unter Mithilfe von Spezialfirmen lassen sich Glasanbauten perfekt ausstatten. Das gilt zum Beispiel für besonders kleine Motoren zum Betrieb von Lüftungsklappen wie auch für Raffinessen in der Regeltechnik.

TECHNISCHE AUSSTATTUNG **61**

◁ *(oben) Bei etwa 35 Grad Wärme öffnen sich automatisch die fünf Lüftungsklappen im Dach und die erwärmte Luft entweicht über dem Balkon des zweigeschossigen Wintergartens (Wigason).*

◁ *(unten) Die Raumbeleuchtung erfolgt durch kleinformatige, runde Deckenaufbauleuchten, die Pflanzenbereiche werden mit Tiefstrahlern für Metallhalogendampflampen (70 W) ausgeleuchtet (LOG ID/ Prof. Dieter Schempp).*

▽ *Alles, was schön ist: Ein gemütliches Haus, ein großzügiger Wintergarten in Gewächshauskonstruktion und in Verlängerung des Glashauses eine überdachte Terrasse. Und davor ein Teich, in dem man sogar schwimmen kann (Linie 7, Marianne B. Welzel).*

BESCHATTUNG UND SONNENSCHUTZ

Zur Regulierung des Innenraumklimas im Wintergarten ist zusammen mit einer Be- und Entlüftung die Schattierung die wirkungsvollste Maßnahme. Auf vielen Grundstücken bietet sich ein Baumbestand als natürliche und vielleicht schönste Beschattung an. Geeignet sind jedoch nur Laubgehölze, die ihre Blätter im Herbst abwerfen und dann möglichst viel Sonnenlicht in den Wintermonaten zum Glashaus durchlassen. Da auch ein dichtes Geäst Schatten wirft (bis zu 40 %), ist es wünschenswert, dass die flachen Sonnenstrahlen im Winter zumindest während der Mittagsstunden annähernd ungehindert in den Wintergarten gelangen können.

Als natürliche Schattenspender können auch kleinblättrige Gehölze und Kletterpflanzen außerhalb und innerhalb des Glashauses gepflanzt werden. Nach zwei bis drei Jahren erfüllen sie ihre Funktion der sommerlichen Beschattung. In den ersten Jahren werden Sonnensegel unter die Verglasung gespannt, die eine gute Reflexion der Sonneneinstrahlung bewirken und zugleich einen Windkanal bilden, durch den die Streiflüftung schneller nach oben geleitet und durch Klappen abgeführt werden kann.

Der Nachteil solcher Bepflanzung: An kühlen, sonnenlosen Tagen wird verhindert, dass die diffuse Strahlung das Glashaus erwärmt. Deshalb ist eine sorgfältige Wahl und Platzierung der Gewächse von größtem Wert. Auch das geschlossene Dach durch einen vorkragenden Balkon oder eine Dachterrasse oder ein „Hochsitz" innerhalb des Wintergartens (siehe Projekt 23, Jannsen) bietet bei hoch stehender Sonne teilweise Schatten.

Zu den gebräuchlichsten Maßnahmen der Beschattung zählt der mechanische Sonnenschutz. Die Frage ist immer wieder, ob er außen oder innen angebracht werden soll. Im direkten Effektivitätsvergleich ist das Außensystem dem innenliegenden deutlich überlegen, weil die Sonnenstrahlung reflektiert wird, bevor sie in das Glashaus gelangt. Als bewegliche Sonnenschutzmaßnahmen bieten sich Markisen (Hüppe Sonnenschutzsysteme), Jalousien, Rolläden, Sonnenschutzstores und Raffrollos an. Die preiswerteste Schattierung bieten einfache Strohmatten oder Stäbchenrollos, die bei einem flach geneigten Dach direkt auf das Glas gerollt werden.

Außenliegender Sonnenschutz hat aber einen großen Nachteil. Er ist vergleichsweise teuer, weil die Anbringung, das

Gestänge, die Schienen und der Stoff wind- und wetterfest und dauerhaft pflegeleicht sein müssen. Die innenliegende Markise oder Jalousie ist dagegen nicht der Witterung ausgesetzt und kann daher preiswerter sein. Perfekte innenliegende Sonnenschutzsysteme sehen vor, dass der Stoff oder die Jalousie auf der Innenseite in Führungsschienen befestigt wird, mit einem Abstand zur Glasscheibe von etwa 5 bis 15 Zentimetern. Bei einigen Systemen ist diese Schiene in das Profil (innen) bereits integriert. In der Regel lassen sich Wintergärten auch nachträglich durch einen außen- oder innenliegenden Sonnenschutz nachrüsten. Die Effektivität hängt aber in großem Maße von der Oberfläche des Sonnenschutzes ab, insbesondere für innenliegende Maßnahmen. Je besser sie reflektieren, umso wirkungsvoller sind sie. Eine Aluminium- und speziell bedampfte Folie, wie sie in der Raumfahrt eingesetzt wird, reflektiert die Strahlungsenergie, bevor sie im Raum wärmewirksam und unangenehm werden kann.

Ein zu selten bedachter Nebeneffekt solch transparenter

BESCHATTUNG UND SONNENSCHUTZ **63**

◁ *Die außenliegende Markise gibt dem lichten Raum eine anregende Helligkeit, die selbst bei starker Sonneneinstrahlung nicht zu grell wirkt (Niederwöhrmeier + Kief, Freie Architekten BDA).*

▽ *Die umfassende Beschattung der Fenster und, wie dieses Beispiel beweist, nicht nur der großen Glasflächen des Wintergartens muss bereits bei der Planung des Hauses berücksichtigt werden (Niederwöhrmeier + Kief, Freie Architekten BDA).*

▽   *Etwas für romantische Seelen: Eine natürliche Beschattung aus Pflanzen ist für viele die schönste Art, die Innentemperaturen an heißen Sommertagen etwas zu reduzieren. Und warum nicht Echten Wein ziehen, der unter Glas bestimmt besser ausreift als in ungünstigem Klima im Freien?*

BESCHATTUNG UND SONNENSCHUTZ

▽ Leichtmetalljalousien sind Beschattung und Blendschutz an den heißen Tagen und sorgen durch Lichtumleitung für mehr Helligkeit im Innenraum (LOG ID/Prof. Dieter Schempp).

▽ Bunte oder auch naturfarbene Segeltuchstoffe können nicht nur dekorativ sein, sondern sorgen in großflächigen Wintergärten, solange die Bepflanzung noch klein ist, für leichte Schattierung. Der Deckenventilator ist meist eine hübsche Dekoration, aber mindert die hohe Temperatur nur unwesentlich, sondern verteilt sie nur gleichmäßig (LOG ID/Prof. Dieter Schempp).

▽▽ Die speziellen Springrollo-Jalousien bestehen aus „Pinoleum", einem haltbaren Gewebe aus Kieferstäbchen und behandelter Baumwolle. Das Sonnenlicht wird gefiltert und um etwa 70 Prozent reduziert (Marston & Langinger).

Folien ist der Wärmeschutz im Winter. Sie bewahren die Wärme durch das zwischen Folie und Glas entstehende Luftpolster wesentlich länger im Glashaus.
Wem solche beschichteten oder aus Leichtmetall hergestellten Folien zu „cool" sind, sollte sich für helle Farben entscheiden. Dunkle Töne sind wegen der großen Absorption der Sonnenstrahlen ungeeignet. Bewährt hat sich ein „Diolen"-Gewebe, das auf seiner Außenseite aluminiumbedampft ist. Im allgemeinen genügt es nicht, Sonnenschutz-Maßnahmen im schrägen Dachbereich zu treffen. Diesen Effekt hat jeder sicherlich schon bei größeren Fenstern in einem ganz normalen Wohnraum feststellen können. Daher ist bei größeren Glashäusern auch die Beschattung senkrechter Wände sinnvoll. Technisch stellt dies kein Problem dar, weil kombinierte Schräg-Senkrechtsysteme (innen- oder außenliegend) zum gängigen Angebot zählen.
Bei der Planung der Sonnenschutz-Vorrichtungen ist auf die Lüftungselemente Rücksicht zu nehmen. Vor allem bei außenliegenden Rollos oder Markisen kann es zu Behinderungen und Überschneidungen kommen, die meist nur durch einen sehr großen Abstand der Führungsschienen zur Glas- und Fensterebene verhindert werden, was die Optik des Hauses stark beeinträchtigen kann.

BE- UND ENTLÜFTUNG

Ebenso wie in jedem anderen Wohnraum ist auch im Wintergarten und Glasanbau ein regelmäßiger Austausch von verbrauchter und frischer Luft erforderlich. Ideal wäre ein 25- bis 30-facher Luftwechsel pro Stunde. An sonnenreichen Tagen im Sommer ist vor allem die Entlüftung des Glashauses unumgänglich, um einen Hitzestau zu vermeiden. Im Hochsommer können bei freier Südlage schnell 60 bis 80 Grad entstehen – eine unerträgliche Hitze. Eine zusätzliche Schattierung ist häufig unerlässlich, um die Hitzeentwicklung zu reduzieren und für die notwendige Abhilfe zu sorgen. Dabei kommen die thermischen Auftriebskräfte zu Hilfe. Das Ziel sollte es sein, die Innentemperaturen auf dem Niveau der Außentemperatur zu halten oder nur geringfügig darüber ansteigen zu lassen.

Um eine optimale Lüftung gewährleisten zu können, sollte der Strömungsquerschnitt aller Öffnungen etwa 10 Prozent der Glasflächen betragen. Nach einer alternativen Berechnung sollte die Gesamtöffnungsfläche 20 bis 25 Prozent der Grundfläche des Wintergartens bemessen. Wichtig für eine gute Belüftung ist die richtige Anordnung der Zuluftöffnungen (möglichst tief am Boden des Wintergartens) und der Abluftöffnungen (möglichst hoch im First- oder Giebelbereich). Ohne die unteren Zuluftöffnungen sind die Abluftklappen fast wirkungslos. Der Anteil der Abluftöffnungen sollte etwas höher sein als der Zuluftanteil, weil dadurch die Lüftungsthermik verstärkt wird. Wertvoll ist auch die diagonale Anordnung der Öffnungselemente, um eine wirkungsvolle Querlüftung zu erreichen. Den Idealfall für eine perfekte Entlüftung bietet die schuppenförmige Anordnung von Gläsern, die bis zu einem Winkel von 75 Grad geöffnet werden können. Dadurch kann sogar die ganze Glasfläche zur Entlüftung herangezogen werden, wobei der angenehme Eindruck entsteht, sich unter freiem Himmel aufzuhalten. Außerdem sind Glaslamellen, obwohl sie einen höheren Reinigungsaufwand verlangen, bei richtiger Planung ein außerordentlich gutes architektonisch-gestalterisches Element (Foto Seite 67).

Zur Lüftung werden entsprechend der Größe des Glashauses und den Wünschen der Bauherren Dreh-/Kippflügel, Schwing- oder Klapp-Schwingflügel, beziehungsweise zu öffnende Lamellenfenster (meist für die Zuluft) verwendet.

Auch Flügel- oder Schiebetüren, die nach draußen oder in das Wohnhaus führen, werden zur temporären Be- und Entlüftung herangezogen.

Eine manuelle Bedienung der Lüftungselemente durch Oberlichtöffner ist zwar preisgünstiger als eine automatische Regelung, aber ganz ohne temperaturgesteuerte Lüftungsklappen oder Ventilatoren zur Entlüftung lässt sich das Klima unter Glas kaum vernünftig regeln. Eine Hilfe sind elektrisch betriebene Lüftungsanlagen (auch mit integrierter Heizung im Angebot), die an der senkrechten Wand unten für die Zuluft und oben im First zum Absaugen der Abluft eingesetzt werden. Die Steuerung erfolgt über einen Thermostaten oder Hygrostaten. Wirkungsvoll und nicht aufwendig ist eine Permanentlüftung, die durch schließbare Öffnungen oder Schlitze am Boden (oder an der Schwelle) die kühle Zuluft hineinlässt und die erwärmte Luft, die nach oben steigt, am First nach draußen oder auch ins Haus leitet. Die Luft wird hierbei entlang der Verglasung geführt, ohne sich im Glashaus stark zu erwärmen. Durch eine innenliegende Markise, etwa im Abstand von 10 bis 20 Zentimeter zum Glas, entsteht ein Luftkanal, der einen schnellen Luftaustausch unterstützt.

Effektvoll ist auch ein Dachaufsatz, eine „Laterne" oder eine Lüftungskuppel zum Lüften von Glashäusern, deren Wirkung durch einen rotierenden Lüfter deutlich verstärkt werden kann. Hierbei ist allerdings der ästhetische Ausdruck und Anspruch zu berücksichtigen. Durch solche Hilfskonstruktionen kann die gewünschte Architektur empfindlich

BE- UND ENTLÜFTUNG 67

◁ *Die gruppenweise Anordnung der Fensterklappen oben am First ist die ideale Positionierung, aber nur dann als Entlüftung voll effektiv, wenn auch tiefer angebrachte Zuluftöffnungen zur Verfügung stehen (Holztechnik Gräbe).*

▽ *Der Süd-Ost-Giebel des Einfamilienhauses im Altmühltal wird durch einen zweigeschossigen Wintergarten transparent geschlossen. Temperaturgesteuerte Lamellenfenster verhindern eine Überhitzung (Rudolf M. Huber, Architekt).*

▽ *Eine beidseitig temperaturgesteuerte Dachentlüftung wie hier in einem „Architektur-Wintergarten" (Schüco) ist in einem der Sonne voll ausgesetzten und unbeschatteten Glashaus absolut notwendig.*

gestört werden. Einige Systeme bieten eine so genannte Zwangsentlüftung an, die in den Profilen unsichtbar integriert ist.

Diese Arten der Dauerlüftungen verhindern nicht ganz den sommerlichen Hitzestau, bieten jedoch eine wertvolle Basis innerhalb eines Gesamtkonzeptes für die Be- und Entlüftung des Glashauses. Zusätzlich müssen Lüftungsklappen manuell oder automatisch betätigt werden können. Kleinere Fenster und Kippflügel können durch einen schmalen Druckzylinder betrieben werden, dessen Inhalt (Gas oder Wachs) sich je nach Temperatur ausdehnt oder zusammenzieht und den Flügel über ein Gestänge öffnet oder schließt. Große Fensterklappen und Fensterreihen brauchen wegen ihres höheren Gewichtes ein stabileres System, wie die im Gewächshausbau üblichen Zahnstangen. Sie werden über eine Knickkurbel oder einen Elektro-Stellmotor, der manuell ein- und ausgeschaltet oder automatisch gesteuert wird, bedient. Ein romantisch anmutender Deckenventilator, der mit seinen großen Flügeln die Luft bewegt, ersetzt aber nicht Rohrventilatoren zur wichtigen Luftzirkulation oder zum Abführen warmer Luft und Umschichten von kalter und warmer Luft. Doch sorgen sie für Luftbewegung innerhalb des Glashauses, wenn sie frei aufgehängt werden.

Ausreichend dimensionierte Lüftungsöffnungen sind unerlässlich. Bei einer Fehlplanung lässt sich das Glashaus an den Sonnentagen nicht nutzen, und die Konstruktionselemente werden einer unnötigen Belastung ausgesetzt. Hinzu kommt, dass sich die Speicherflächen an Boden und Wand ständig aufheizen und unerwünscht hohe Temperaturen an die angrenzenden Wohnräume abgeben.

Bei einer gelungenen Gebäudekonzeption lässt sich im Sommer die starke Lüftungsthermik auch zur Kühlung der Wohnräume einsetzen. Im Winter und in der Übergangszeit dagegen wird die erwärmte Luft nicht nach außen, sondern ins Haus geführt. Nach ihrer Abkühlung fließt sie wieder zurück ins Glashaus zur erneuten Erwärmung.

HEIZUNGSTECHNIK

In den meisten Fällen wird ein Wintergarten durch verschiedene Systeme erwärmt. In den Sommermonaten und der Übergangszeit reicht es aus, den gestuften Wärmegewinn durch das passive Solar-Heizsystem zu nutzen. Dabei wird die Sonnenenergie sowohl aus direkter Einstrahlung als auch aus diffus eindringendem Licht gewonnen. Die rückwärtige massive Hauswand nimmt die Wärmeenergie in sich auf und lässt als Masse-Speicherwand dem dahinter liegenden Raum zeitverschoben (das heißt einige Stunden später, also abends oder in der Nacht) die gespeicherte Wärme zukommen. Die Warmluft kann auch durch Öffnungen in der Wand in das Kernhaus geleitet werden. Mit Hilfe eines Ventilators (Hybrid-System) kann dieser Vorgang beschleunigt werden. Die überschüssige warme Luft kann außerdem über einen Ventilator oben abgesogen und entweder in einen anderen Raum (z. B. zur Nordseite gelegen) oder in einen Schotterspeicher unter dem Boden geblasen werden. Hier wird die Luft zur Abgabe während der kühleren Nachtstunden gespeichert. Wegen der meist hohen Geräuschentwicklung dieser Geräte können sie allerdings oft nur vorübergehend in Betrieb genommen werden.

Auch der Bodenbelag des Wintergartens und die Erde in den Beeten speichern Wärme. Je schwerer und dichter Stoffe sind, umso größer ist ihre Speicherfähigkeit. Wasser besitzt die beste Eigenschaft. Auch Naturstein, Beton, Ziegel und feuchte Erde verfügen über gute Wärme-Speichereigenschaften. Holz dagegen ist als schlechter Wärmeleiter bekannt (aber ein gutes Material für die Isolierung).

Außerdem beeinflusst die Absorptionseigenschaft der Oberflächen die Aufnahme von Sonnenenergie. Weiß glänzende Flächen wie Keramikplatten verfügen über einen Reflexionsgrad von 82 Prozent und eine ungünstige Absorption von nur 18 Prozent. Ähnlich verhält es sich bei hellen Farben. Dunkle angefeuchtete Schieferplatten dagegen reflektieren nur 10 und absorbieren 90 Prozent. Die besten Absorptionseigenschaften weisen absolut schwarze Oberflächen auf. Die Verwendung von Materialien in einem ökologischen Wintergarten sollte deshalb nicht nur unter ästhetischen oder optischen Gesichtspunkten getroffen werden, sondern unter Berücksichtigung einer energetisch sinnvollen Lösung. Auch die besten Speichermedien können nicht vermeiden, dass an etwa 60 bis 80 Tagen im Jahr (über die genaue Anzahl lässt sich immer wieder streiten!) der Restwärmebedarf durch Zusatzheizung gedeckt werden muss. Je größer der Wärmeanspruch ist, umso mehr aktive Heizenergie muss eingesetzt werden. Für eine behagliche Raumtemperatur werden je nach Außentemperatur mindestens 20 Grad benötigt. Wer seinen Wintergarten vom Wohnhaus abschotten kann und eine subtropische Bepflanzung gewählt hat, kommt mit einer Mindesttemperatur von etwa fünf Grad aus. Fußbodenheizungen, Radiatoren und Konvektoren sind träge Heizsysteme, deren Wärmezufuhr nicht spontan zu regeln ist. Sie sind eine ideale Basiswärme. Erforderlich sind daneben schnell reagierende elektrische Heizlüfter, die allerdings einen hohen Energiebedarf haben. Vorteilhaft sind auch Systeme, die den Wärmeüberschuss durch Ventilatoren in andere Gebäudeteile verteilen.

Das Verhalten der Bewohner trägt ganz entscheidend dazu bei, die Wärme im Kernhaus und Wintergarten durch entsprechendes Öffnen von Fenstern und Türen sinnvoll auszugleichen. Im Winter ist es meist richtiger, nur nach innen zu lüften. Die Zusatzwärme kann durch einen Kaminofen, einen Kachelofen oder auch einen zentralen Heizungsherd, der mit Holz befeuert ist, gewährleistet werden. Unter den zentralen Warmwasser-Heizanlagen sind Gas-Niedertemperaturheizungen günstig. Sinnvoll ist natürlich auch die Erweiterung der Heizanlage für das Wohnhaus durch einen getrennten Heizkreis für den Wintergarten. In diesem Fall öffnen sich bei der vorgegebenen Temperatur, wie etwa fünf Grad, durch eingebaute Raum-Temperaturfühler die Thermostatventile und erwärmen das Glashaus. Durch eine gute Dämmung lässt sich der Bedarf an Zusatzwärme stark reduzieren. Dazu trägt auch ein temporärer Wärmeschutz wie ein Wärmeschutzrollo mit einer stark reflektierenden Beschichtung bei. Er wird wie ein innenliegender Sonnenschutz in Schienen geführt und entlang der Glasscheiben bis auf den Boden heruntergelassen. Er kann auch zwischen Wintergarten und Kernhaus für eine thermische Zonierung sorgen.

HEIZUNGSTECHNIK 69

▽ Der Blick führt durch isolierverglaste Türen und Fenster in das Glashaus im Anbau einer umgebauten Scheune. Ein architektonisch gelungener Übergang vom Kernhaus, dem vollbeheizten Wohnhaus und dem temperierten Wintergarten. Entsprechend der Temperatur im Glashaus wird die Tür geöffnet oder geschlossen (WAS Architekten).

AUSBAU UND EINRICHTUNG

Es klingt banal, aber dennoch wird dieser Punkt zu wenig beachtet: Der Wohnraum unter Glas sollte entsprechend seiner späteren Nutzung eingerichtet werden. Das heißt, rechtzeitig überlegen, wie man darin leben möchte. Ist ein ganzjähriger Wohnwert geplant, werden Einrichtung und Bodenbelag die Atmosphäre der angrenzenden Räume aufgreifen. Wer im Wintergarten eher den geschützten Freiraum sieht, wird den Bezug zur Terrasse und zum Garten suchen. Dann empfiehlt es sich, den Bodenbelag für den Glasanbau und den anschließender Wege oder des Sitzplatzes einheitlich zu gestalten, weil dadurch eine großzügigere und durchgehende Wirkung entsteht. Steinmaterialien und Fliesen sind stets die bessere Wahl als ein Holzboden. Vor allem wenn man aus Gründen der Behaglichkeit eine Fußbodenheizung einbauen lässt. Auslegeware und Teppichboden sind völlig ungeeignet.

Die Möblierung hat ebenfalls einen großen Einfluss darauf, ob man sich in einem Wintergarten wohl fühlt. Obgleich die Möbel vor direkten Witterungseinflüssen geschützt sind, verbietet die meist erhöhte Luftfeuchtigkeit und intensive Sonnenstrahlung (Ausbleichen) die beliebige Wahl des Mobiliars. Eine wohltuende Atmosphäre im Wintergarten vermitteln bequeme Holz-, Korb- und Loom-Möbel (Garpa), für die eine höhere Luftfeuchtigkeit günstig ist.

Beim Ausbau sind alle Anschlüsse für Strom (am besten einen Stromkreis zusätzlich vorsehen, falls man später noch einen weiteren Anschluss benötigen sollte) und Wasser zu berücksichtigen; die Lage für die Schalter sollte man sich sorgfältig überlegen. Das wird häufig vergessen und macht später unangenehme Arbeiten nötig, wenn das Mauerwerk aufgestemmt werden muss, weil der Schalter an einem bequem erreichbaren Platz im Wohnraum (und nicht im Keller) gebraucht wird. Ein Wasseranschluss im Wintergarten erleichtert die Pflege der Gewächse, ob sie nun einzeln von Hand oder automatisch gewässert werden sollen.

Eine sorgfältig geplante dezente Aus- und Beleuchtung von Sitzgruppen, der Wege und – nicht zu vergessen – Pflanzen ist ein wesentlicher Bestandteil bei der Planung eines Glasanbaus und trägt, wenn sie gut gelungen ist und ausgeführt wurde, bestimmt zur Behaglichkeit bei.

AUSBAU UND EINRICHTUNG   71

◁   (oben) In dem überdachten Wintergartenanbau mit gepflastertem Boden ist eine gelungene Mischung aus Wohnraum und sommerlichem Gartenzimmer entstanden.

◁   (unten) Solch eine Heiterkeit und geschmackvolle Perfektion bis ins Detail an Wänden und Fußboden ist jedem Wintergarten zu wünschen, wenn man sich ein Glashaus in bester britischer Tradition wünscht (Marston & Langinger).

▽   Sollen die Glaswände bis auf den Boden führen oder ist eine gemauerte Brüstung wie in diesem Wintergarten besser? Beides ist etwa gleich teuer. Der Unterschied: Große offene Seitenwände machen den Wintergarten großzügiger und lichter, eine Brüstung, die zusätzlich zum Sitzen einlädt, macht ihn geborgener.

DIE AUSFÜHRUNG

In dieser Phase entscheidet es sich, ob die Planung sorgfältig genug durchgeführt, ob nichts übersehen wurde. Wenn genaue Pläne vorliegen, muss exakt nach ihnen gearbeitet werden. Zunächst sollte die Baustelle für den Um- oder Neubau gut vorbereitet sein. Ein genügend großer Arbeitsraum und Flächen zur Lagerung der Materialien und Verpackung auf dem Gehsteig oder auf dem Grundstück müssen freigehalten werden. Beim Anbau in einem vorhandenen Garten sollten Pflanzen rechtzeitig an einen neuen Platz versetzt werden, damit sie sicher wieder anwachsen (wenn möglich nicht im Sommer, sondern bereits zur bewährten Umpflanzzeit im Frühjahr oder Herbst). Gehölze, die bereits seit mehr als fünf Jahren dort wachsen, sollten auf das Umpflanzen über einen längeren Zeitraum vorbereitet werden: Beim Austrieb im Frühjahr die Wurzeln ringsum seitlich abstechen, damit sich neue Wurzeln bilden können, und im Herbst umpflanzen.

Wenn es um den Dachausbau geht, sind der Transportweg und die Transportmittel genau zu durchdenken und zu kalkulieren. In schwierigen Lagen und auf Grundstücken, die nicht per LKW zu erreichen sind, hilft ein Kran oder sogar der Einsatz eines Hubschraubers.

Wer bei seinem Wintergarten auf hohe Wärmedämmung Wert legt, muss damit beim Fundament auf Frosttiefe beginnen. Eine aufmerksame Bauüberwachung verhindert, dass beim Auf- und Einbau Fehler gemacht werden, die vorerst und vielleicht auch später nicht sichtbar werden (sondern erst dann, wenn ein Schadensfall eingetreten ist). So ist es durchaus erlaubt und die Gewissheit sogar erforderlich, sich vor dem Einbau für das Innenleben der wärmegedämmten Profile zu interessieren, um sicherzugehen, dass eine Wärmedämmung tatsächlich vorliegt. Beim Einbau und Ansetzen von Konstruktionsprofilen auf das Fundament oder an die Hausfassade entstehen recht schnell Kältebrücken, die sich aber durch sorgsame Handhabung vermeiden lassen.

Bei der Ausführung kommen viele verschiedene Gewerke wie Maurer, Tischler, Sanitärtechnik, Fliesenleger, Maler, Gärtner zusammen, die nach einem genauen Zeitplan koordiniert werden müssen, denn die Baustelle eines Wintergartens ist besonders bei nachträglichem Anbau meist zu klein, um von mehreren Handwerkern gleichzeitig bearbeitet zu werden. Eine wöchentliche Baubesprechung aller beteiligten Planer, Handwerker und der Bauherren hat sich ebenso bewährt wie die Erstellung und Verteilung eines Protokolls an die Betroffenen.

Wichtig ist die gemeinsame Bauabnahme mit dem Bauherrn, dem Architekten und dem Anbieter. Die Gewährleistungsfrist auf Grund eines Werk-Vertrages beträgt vom Tage der Abnahme an gerechnet fünf Jahre. Handelt es sich nur um den Kauf eines Wintergartens, ohne Aufbauarbeiten, verjähren die Ansprüche bereits nach sechs Monaten.

◁ Der Wintergarten ist ein wohnliches Gartenzimmer, dessen Ausblick sich mit der Vegetation im Garten verändert. Hier stimmt alles: von der grazilen Bauweise, den schlanken Sprossen und Trägern, dem schlichten Plattenbelag bis zur Einrichtung.

WARTUNG DES WINTERGARTENS

Im allgemeinen ist nicht damit zu rechnen, dass die Konstruktion eine laufende Wartung erforderlich macht. Die einwandfreie Funktion der Beschläge und technischen Einrichtungen (Sonnenschutzanlagen) kann durch einen Servicevertrag sichergestellt werden, den viele Firmen in Jahresverträgen anbieten. Das Erneuern beschädigter, also gerissener oder matt gewordener Isolierglasscheiben ist von Fachfirmen zu übernehmen. Allein die Reinigung der Glasscheiben ist in regelmäßigen Abständen nötig. Viele Glashausbesitzer übernehmen diese oftmals strapaziöse Arbeit selbst, etwa zweimal im Jahr, im Frühjahr und vor allem im Herbst, damit die Wintersonne, wenn sie am dringendsten benötigt wird, möglichst ungehindert den Wintergarten erwärmen kann. Wer diesen Aufwand scheut, kann mit dieser Arbeit auch eine spezielle Glasreinigungsfirma beauftragen. Neben der Reinigung von außen (besonders schmutzig sind die Flächen oberhalb der waagerechten Sprossen, weil sich das Regenwasser staut), ist das Glas auch innen von dem Belag zu säubern. Die Häufigkeit der Reinigung hängt mit von der Dachschräge ab. Je steiler das Dach, umso besser säubert es sich selbst.

Die Tragkonstruktion und Sprossen sind sehr pflegeleicht. Besonders Aluminium und Kunststoffkonstruktionen bedürfen keines weiteren Aufwandes. Stahl erhält nach Bedarf einen pflegenden Anstrich, entstandener Rostbefall wird ausgebessert. In der Regel wird die Lackierung nach fünf bis zehn Jahren erforderlich. Bei Holz werden Lasuren meist nach zwei Jahren, Lackierungen nach sechs bis acht Jahren nötig. Je besser die Profile und Sprossen an den Kanten abgerundet sind, umso länger hält sich meist der Anstrich. Mit diesem konstruktiven Schutz, der auch in der gesamten Holzkonstruktion einzuhalten ist, umgeht man alle Probleme mit dem Tauwasser am besten. Wird der Wintergarten ganzjährig bewohnt, sollten der Bodenbelag, die Fenster und Türen im gleichen Rhythmus wie in den anderen Wohnräumen gereinigt werden. In einem pflanzlich betonten „Garten unter Glas" wird man „großzügiger" sein. Zur Pflege der Pflanzen gibt es Hinweise auf Seite 82.

◁   Ein polierter Granitfußboden, weiße Sprossen und elegante Möbel in dem hohen Wintergarten voller Pflanzen lassen einen erhöhten Reinigungsbedarf erwarten. Grund genug, sich schon während der Planung Gedanken über den späteren Pflegeaufwand zu machen (LOG ID/Prof. Dieter Schempp).

Pflanzen schaffen ein ideales Raum- und Arbeitsklima, erhöhen die Luftfeuchtigkeit und tragen dazu bei, Streß abzubauen (LOG ID/Prof. Dieter Schempp).
REINER BLUNCK, TÜBINGEN

BEPFLANZUNG, PFLEGE, BEWÄHRTE PFLANZEN
WIRKUNGSVOLL BEPFLANZEN

DIE BEPFLANZUNG

Das Einbeziehen von Pflanzen in das Wohnumfeld, der pflegliche Umgang mit ihnen, die Erkenntnis der lebensnotwendigen Wechselbeziehung und ihre Respektierung sind die Grundlage für eine humane Architektur. Wer einen Wintergarten als Bauherr, Architekt oder ausführende Firma plant, kann seinen Beitrag dazu leisten. Grün darf schon bei der Planung nicht übergangen werden. Sonst bleibt nur noch (der vorübergehende) Platz für eine Yuccapalme oder einen Oleander, der zur Einweihung geschenkt wurde. Die Chance, Wohn- und Arbeitsbereiche zu den Pflanzen zu legen, darf nicht vertan werden.

PLANUNG DER INNEN- UND AUSSENBEPFLANZUNG

Der harmonische Übergang zwischen dem Drinnen und Draußen sollte ein wesentlicher Bestandteil der Planung sein. Gartenarchitekten sind dafür diejenigen Fachleute, die Erfahrung bei der Verwendung von Materialien für Boden, Mauern oder Wände besitzen, sich im Umgang mit Pflanzen auskennen und für die Gestaltung von Sitzplätzen, Wegen, Pergolen oder Spalieren und auch für eine gefühlvolle Beleuchtung zuständig sind.

Die Anlage großflächiger Beete sollte Vorrang vor der Gestaltung mit einzelnen Töpfen haben. Frei stehende Bananen oder Palmen können zwar nach Wunsch gerückt werden, um mal als Blickfang an anderer Stelle zu wirken, aber dies steht nicht im Einklang mit dem Wunsch nach Nähe zur Natur. In Töpfen bleiben die Pflanzen äußerst dekorative Solitäre, die zugegebenermaßen durchaus gefallen können. Oftmals dienen solche Glashäuser auch mehr als „Orangerie", in der kälteempfindliche Kübelpflanzen im Winter untergestellt werden. Für manche Glasanbauten kommt auch eine Mischung aus Beetbepflanzung und Töpfen in Frage.

Glasanbauten, deren Böden ganzflächig mit Platten, Pflastersteinen oder Holzrosten belegt sind, besitzen mehr die Atmosphäre eines Wohnraumes oder eines überdachten Atriumhofes. Eine optisch gute Anbindung an die dahinter liegende Terrasse oder an Beete gelingt nicht immer.

Die „Grüne Solararchitektur" (LOG ID) empfiehlt für ein Glashaus, in dem für alle wichtigen Funktionen, für Menschen und Pflanzen gleichermaßen Platz genug ist, eine Min-

destgröße von 100 Quadratmetern. Davon wird ein Drittel als reine Pflanzfläche vorgesehen. Wer nicht so viel Fläche zur Verfügung hat, sollte sich dennoch an dieses Verhältnis von Wege- und Pflanzflächen halten. Oftmals bietet sich auch die schräge Frontseite für eine Bepflanzung an, weil sie nicht genügend Stehhöhe aufweist. Gerade hier ist eine gute Kombination der Innen- und Außenpflanzen notwendig. Kletterpflanzen, die sich in ihrer Blattstruktur oder Blütenfarbe ähneln, sind gut aufeinander abzustimmen, wie auch Gehölze, Stauden und Gräser. Eine Wiederholung von Pflanzenarten wirkt hier ebenso positiv wie die Beschränkung der Materialien am Bau auf eine möglichst geringe Anzahl. Zu einem einheitlichen Bild wachsen Wintergarten und der natürliche Gartenfreiraum zusammen, wenn sie zum Bei-

DIE BEPFLANZUNG 77

◁ Citruspflanzen wie Zitrone (links) und Zwergapfelsine sind vor allem während der Wintermonate beliebte Farbspender im Wintergarten, da die Früchte über einen Zeitraum von mehr als einem Jahr am Strauch haften bleiben.

▽ Bei der Bepflanzung eines Wintergartens braucht man sich nicht mit kleinen Jungpflanzen zufrieden zu geben. Heutzutage werden große, fast ausgewachsene Palmen und Gehölze aus dem Mittelmeerklima in speziellen Gärtnereien angeboten.

78 WIRKUNGSVOLL BEPFLANZEN

▽ *Vorher: Es wurde eine abwechslungsreiche Bepflanzung der Grünen Solararchitektur aus Solitärgehölzen (Kakipflaume) und bodendeckenden Stauden gewählt. Siehe Plan Seite 81 (LOG ID/Prof. Dieter Schempp).*

▽▽ *15 Jahre später hat sich der Bewuchs wesentlich verändert. Zu groß gewordene Gehölze mussten entfernt werden.*

▽ *Vorher: Es ist wie in einem „richtigen" Garten. In den ersten beiden Jahren wartet man sehr ungeduldig auf ein üppiges Wachstum unter Glas (LOG ID/Prof. Dieter Schempp).*

▽▽ *Im Laufe von 15 Jahren sind die Pflanzen zu einem dichten Dschungel zusammengewachsen, der immer wieder gelichtet und von Schädlingen befreit werden muss.*

spiel durch Kieselflächen (Steingrößen etwa 3 bis 10 cm und auch größer) verbunden sind, welche außen mit Rosen, Gräsern und Stauden und einjährigen Blumen bepflanzt werden können; auf der Innenseite könnten Bleiwurz, Bambusgras und Jasmin stehen.

Zum schwierigsten Abschnitt in der Grünplanungsphase gehört ohne Zweifel die Wahl der Pflanzen. Wer die Gewächse nur nach ihrem Aussehen beurteilt, kann schnell eine Enttäuschung erleben. Wie sie in dem Glashausklima gedeihen, hängt davon ab, ob sie den Temperaturschwankungen im Sommer gewachsen sind, die nur unter großem technischen und finanziellen Aufwand zu vermeiden sind. Wie im Kapitel „Die Begriffe" (Seite 13) bereits angesprochen wurde, sind im allgemeinen vier Klimazonen zu unterscheiden. Während sich das unbeheizte Haus für frostunempfindliche Gewächse, aber auch für einjährige Sommerblumen und die Anzucht von Kräutern und Gemüse eignet, sind das temperierte Glashaus, der „ökologische Wintergarten" und das Warmhaus eher für die „normalen" Zimmerpflanzen wie auch für wärmeempfindliche Orchideen geeignet (es gibt auch schöne Orchideen, die es kühler lieben). Das beheizte Glashaus mit einer Mindesttemperatur im Winter von fünf bis acht Grad findet die breiteste Verwendung. Es ist günstig in der Energieeinsparung und hat große klimatische Vortei-

DIE BEPFLANZUNG 79

▽ *In diesem Garten unter Glas friert es in manchem Winter, da er nicht zusätzlich beheizt wird. Deshalb wurden hier ausschließlich einjährige Sommerblumen, Gemüse und Kräuter und frostharte Stauden wie Fingerhut gepflanzt.*

le, weil es fast ganzjährig genutzt werden kann. Hier gedeiht die gesamte Flora des Mittelmeeres sowie viele andere Pflanzen aus hoch gelegenen Tropengebieten.
Die Auswahl der Pflanzen sollte eine belebende Vielfalt besitzen. Zum Beispiel Laub abwerfende Kletterpflanzen zur Südseite, im mittleren Glashausbereich höhere Gewächse mit filigranem, immergrünem Laub wie der Olivenbaum. Im hinteren Bereich zum Kernhaus sollten schließlich immergrüne Gehölze mit größeren Blättern für eine gute Assimilation (also Aufnahme von CO_2 und Abgabe von Sauerstoff)

sorgen. Unter diesen Bäumen und Sträuchern werden bodendeckende Pflanzen, wie Kletterficus, gesetzt, die ebenfalls den Sauerstoffgehalt verbessern und die Erdschicht nicht so schnell austrocknen lassen. Eine gute Mischung von Pflanzen umfasst sowohl Laub abwerfende als auch immergrüne Gewächse, solche mit baum- oder buschartigem Wuchs, Blüten- und Blattpflanzen und nicht zu vergessen die vielen Arten mit duftenden Blüten und Blättern. Die Pflanzenvielfalt ist auch ein Garant für einen geringen Befall durch Schädlinge. Ganz ohne die lästigen Begleiter wird es leider nicht immer gehen. Die Wünsche an Helligkeit, Raumfeuchte und Temperaturen im Winter sind durchaus etwas verschieden. Es hängt von dem Kleinklima des Wintergartens ab, wie weit abweichende Temperaturen vertragen werden. So kann zum Beispiel die häufig genannte Mindesttemperatur im Winter von + 5 Grad Celsius vorübergehend unterschritten werden, ohne dass viele Pflanzen ernsthaft darunter leiden. Lorbeerbaum, Brautmyrte und sogar manche Orchideen überstehen Frost, wenn sie windgeschützt im Glashaus stehen.

Wer im Glashaus auf eine schöne „Gartengestaltung" verzichten möchte, wird sich mehr für die Anlage von Beeten interessieren, wie sie sich in Gewächshäusern bewährt haben. Salat, Kräuter, Kakteen oder tropische Orchideen können mit großem Erfolg gedeihen. Doch ist bei der Auswahl solcher Gewächse stets an die notwendige Pflege von Blumen und Gemüse zu denken, vor allem während der Urlaubszeit. Durch Pflanzen können sich in ungewohntem Maße Schädlinge und Pilzkrankheiten ausbreiten. Besonders häufig treten sie auf, wenn die Gewächse einen ungünstigen Standort haben, wenn es zu heiß wird oder sie nicht die richtige Pflege erhalten. Unabhängig davon sind solche lästigen Schädigungen nicht völlig auszuschließen. Manche Pflanzen sind sehr anfällig dafür, andere weniger.

Brunnen und Teiche spielen in der Gartenarchitektur eine bedeutende Rolle. Schließlich stellt Wasser im Garten in jeder Beziehung ein belebendes Element dar. Das ist auch im Glashaus kaum anders. Hier entsteht allerdings durch die Verdunstung des Wassers eine besonders hohe Luftfeuchtigkeit. Ob sie gewünscht und vertretbar ist, muß im einzelnen geprüft werden.

Neben dem Reiz einer spiegelnden Oberfläche ist Wasser auch als Wärmespeicher nützlich. Besonders in Verbindung mit schweren Steinen (Findlingen) lassen sich kleine Bachläufe inszenieren, die einen hohen Grad an Speicherfähigkeit besitzen. Wegen der zu erwartenden Luftfeuchtigkeit sollte der Bachlauf oder ein Wasserspiel nicht allzu stürmisch verlaufen, sondern lieber gemächlich. Flache Teiche sind ein idealer Standort für zahlreiche Pflanzen, allen voran Zypergras und Papyrus. Übrigens erhöht ein Außenteich, unmittelbar vor dem Glashaus gelegen, die Ausbeute an passiver Solarenergie, wobei besonders die auf der Wasseroberfläche reflektierten Sonnenstrahlen genutzt werden, und wirkt als Regulator des Kleinklimas.

Erd- oder Hydropflanzen? Ohne Zweifel bietet die Erdbepflanzung das breiteste Spektrum. Vielseitig lassen sich, wenn auch in verschiedener Zusammensetzung, dekoratives Grün, Blütenpflanzen und Gewächse mit essbaren Früchten, wie Feige und Tomate, in Erde setzen; ob Kalt- oder Warmhauspflanzen, einjährige oder immergrüne. Das Sortiment an Hydrokulturpflanzen ist weitaus spärlicher. Vorwiegend werden tropische Gewächse für Glashäuser mit gleichmäßig normalen Wohntemperaturen in Hydrokultur angeboten. Ihr nicht zu bestreitender Vorteil ist der geringe Pflegeaufwand: sie brauchen nur etwa alle zwei bis drei Wochen eine Ergänzung des Wasserreservoirs. Hydropflanzen können in Einzelgefäße gestellt, aber ebenso in größere Kästen oder Beete gesetzt werden.

Nach einem ähnlichen Prinzip funktionieren andere halbautomatische Pflanzsysteme. Sie verfügen wie auch die Hydrokultur über einen Wassertank, aus dem sich der Bewuchs die notwendige Feuchtigkeit selbst holt. Solche Anlagen erfordern stets einen höheren Aufwand, wie wasserdichte Gefäße oder sorgfältig abgedichtete große Kästen oder Beete, bei denen die Gesamthöhe wegen des Wassertanks um etwa zehn Zentimeter höher ist als bei einem vergleichbaren Gefäß.

Wer seinen Wintergarten in zwei verschiedene Klimabereiche zoniert, kann sich im tropischen Teil die Vorteile der Hydro- oder halbautomatischen Systeme zunutze machen, und im kühleren Bereich sich an der Vielfalt der „erdgewachsenen" Pflanzen erfreuen.

DIE BEPFLANZUNG

▽ Anhand des Bepflanzungsplanes und der Pflanzenliste lässt sich leicht ablesen, welche Gewächse ausgewählt wurden. Der Wintergarten wird be- und entlüftet, aber nicht beschattet. Im Winter sind fünf Grad das Minimum.

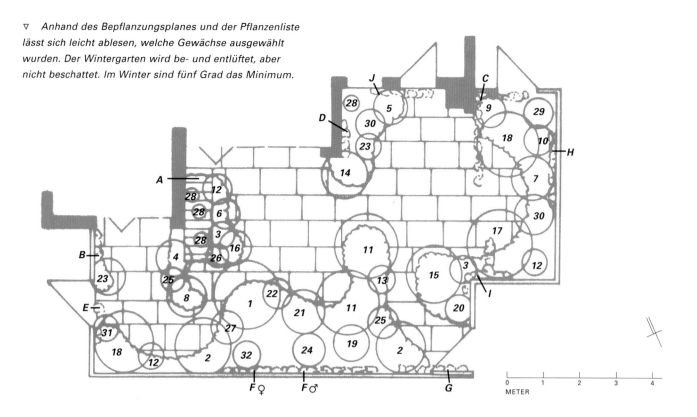

BEISPIELHAFTE BEPFLANZUNG EINES WINTERGARTENS (FOTOS SIEHE SEITE 78)

BÄUME UND STRÄUCHER
1 Jap. Wollmispel – Eriobotrya japonica
2 Obstfeige (rotfleischig) – Ficus carica
3 Mimosenakazie – Acacia dealbata
4 Akazie – Acacia saligna
5 Eukalyptus – Eukalyptus globulus
6 Eukalyptus – Eukalyptus cinerea
7 Brasilianische Guajave – Acca sellowiana
8 Lorbeer – Laurus nobilis
9 Kampfer – Cinnamomum camphora
10 Peruanischer Pfeffer – Schinus molle
11 Kaki – Diospyros kaki
11a Pollenspender – Diospyros
12 Japanische Klebsame – Pittosporum tobira
13 Osmanthus fragrans
14 Hanfpalme – Trachycarpus fortunei
15 Zwergpalme – Chamaerops humilis
16 Neuseeländischer Drachenbaum – Dracaena indivisa
17 Engelstrompete – Datura aurea
18 Zimmerlinde – Sparmannia africana
19 Johannisbrot – Ceratonia siliqua
20 Granatapfel – Punica granatum
21 Zitrone – Citrus limon
22 Orange – Citrus sinensis
23 Australische Silbereiche – Grevillea robusta
24 Bleiwurz – Plumbago auriculata
25 Mastix – Pistacia lentiscus

26 Rosmarin – Rosmarinus officinalis
27 Brautmyrte – Myrtus communis
28 Aralie – Fatsia japonica
29 Mittelmeerschneeball – Viburnum tinus
30 Zylinderputzer – Callistemon lanceolatum
31 Zistrose – Cistus creticus
32 Kap-Bignonie – Tecomaria capensis

KLETTERPFLANZEN
A Maracuja, Passionsfrucht – Passiflora edulis
B Passionsblume – Passiflora caerulea
C Kletterjasmin – Jasminum polyanthum
D Kletterbignonie – Bignonia tweedii
E Bignonia ricasoliana
F Kiwi – Actinidia senensis
G Strauchjasmin – Jasminum mesnyi
H Jasminum beesianum
I Weintraube (weiß) – Vitis vinifera

BODENDECKER
Efeu – Hedera helix „Sagittifolia" (16 Pflanzen pro qm)
Kletterficus – Ficus pumila (10 Pflanzen pro qm)
Frauenhaargras – Scirpus cernuus (9 Pflanzen pro qm)
Simse – Carex brunnea „Variegata" (12 Pflanzen pro qm)
Bubikopf – Soleirolia soleirolii (16 Pflanzen pro qm)

(PLANUNG: LOG ID/PROF. DIETER SCHEMPP)

DIE PFLEGE

Alle Grün- und Blütenpflanzen sehen in der Wachstumszeit, also etwa von März bis September, besonders schön aus, aber machen auch eine laufende, meist tägliche Pflege erforderlich. Das Gießen ist nur eine der notwendigen Arbeiten, die sich aber durch eine automatische Tröpfchenbewässerung erheblich vereinfachen lässt. In jedem Fall ist es ratsam, am frühen Morgen (nicht mittags) gezielt zu bewässern (auch mit einem Sprühschlauch), ohne die Blätter zu benetzen. Dadurch wird die Luftfeuchtigkeit nur geringfügig erhöht. Automatisch arbeitende Anlagen sollten von Zeit zu Zeit durch normales Gießen unterstützt werden, damit die Düngesalze in die unteren Erdschichten gespült werden. Gedüngt wird nicht wie bei Zimmerpflanzen, sondern eher wie bei den Gartenpflanzen. Es werden organische Dünger und auch mineralische Langzeitdünger, wie Plantosan oder Osmocote, im Frühjahr (März) angewandt, und zwar reicht die Hälfte der angegebenen Menge. Im geschützten Glashaus wachsen die Pflanzen, vor allem wenn sie in Beeten ausgepflanzt sind, ohnehin recht schnell. Ein üppiger Wuchs verlangt bald wieder einen Rückschnitt, damit kein „Urwald" mit zu viel Schattenbildung entsteht. Durch richtiges Schneiden lassen sich Pflanzen zu einer gewünschten Entwicklung anregen. Am besten wird diese Arbeit (im Frühjahr oder im Herbst) zumindest in den ersten Jahren einem Gärtner überlassen. Gelegentliches Umpflanzen der Sträucher oder Bäume kann notwendig werden, wenn die Pflanzen zu dicht nebeneinander stehen oder das Erdvolumen nicht mehr ausreicht. Beete sind in diesem Punkt einer Bepflanzung in Kübeln und Kästen weit überlegen. Die Düngermengen werden nach erfolgter Bodenuntersuchung eingebracht, da die Nährstoffanteile des Bodens sehr verschieden sein können. Bei dem regelmäßigen Gang durch den Wintergarten ist das Augenmerk auch auf Schädlinge zu richten, die sich rasch vermehren können. Läuse, Weiße Fliegen (Mottenschildläuse), Spinnmilben und Schildläuse gehören zu den häufigsten Vertretern. Sie können sehr schnell lästig werden. Deshalb muss man vorbeugend tätig werden, wenn es sich um eine umfangreichere Bepflanzung handelt. Einen Versuch wert sind „Gelbsticker" und „Gelbtafeln" (Neudorff). Auf dem klebrigem Leim werden fliegende Schädlinge wie Weisse Fliege und Trauermücke gefangen. Der noch ungewohnte, aber effektive Einsatz verschiedener Nützlinge (Neudorff, Schacht) wie Florfliege, Australischer Marienkäfer und Schlupfwespe im Frühjahr und Sommer gegen Blattläuse & Co. ist dauerhaft und wirkungsvoll. Wenn sich der Befall als hartnäckig und zunehmend erweist, helfen meist andere ungiftige Mittel, wenn ihnen ein gutes Haftmittel (Gartencenter) in der angegebenen Konzentration oder ein paar Tropfen Spülmittel wie eine 0,1 bis 0,2-prozentige Pril-Lösung zugemischt werden. Einfach zu handhaben ist auch Spruzit auf Pyrethrum-Basis. Das bewährte Sommeröl Elefant wirkt erfolgreich bei einem Befall von Blattläusen und Weißer Fliege. Allerdings darf dieses Mittel nicht auf frische Blätter und Triebe gespritzt werden, sondern nur auf hartlaubige Pflanzen. Die Bekämpfung der Schädlinge im Glashaus wird ganz problematisch, wenn zu giftigeren Mitteln gegriffen werden muss. Hier sind Kübelpflanzen im Vorteil, weil sie zur Behandlung ins Freie gestellt werden können.

WIRKUNGSVOLL BEPFLANZEN
55 BEWÄHRTE PFLANZEN

◁ *Seite 83: Ein Platz zum Wohlfühlen. Banane, Baumfarn und Passionsblume schaffen einen Hauch von Paradies*

AGAVE *
Agave attenuata

Die Drachenbaum-Agave gehört zu den Sukkulenten und speichert ähnlich wie Kakteen und andere Dickblattgewächse das Wasser in ihren Blättern. Sie kann bis zu einem Meter hoch und zwei Meter breit werden.
Standort: *Hell und luftig, aber nicht unbedingt sonnig, sie verträgt kurze Zeit die Mindestwärme um zehn Grad.*
Pflege: *Der Wasserbedarf ist gering, deshalb eher zu wenig als zu viel gießen. Gelegentlich düngen (höchstens alle vier Wochen). Vorsicht: Die in sehr spitze Dornen auslaufenden Blätter können leicht »ins Auge gehen«. Eventuell stutzen.*

DIE PFLANZENAUSWAHL

Dekorativ und nützlich ist die Auswahl der Pflanzengattungen und Arten für die Begrünung temperierter, also ökologischer Glashäuser und Wohn-Wintergärten. Alle Grün- und Blütengewächse werden als Pflanzen in Erdsubstrat angeboten, einige auch in pflegeleichter Hydrokultur. Die Angaben über Aussehen (Größe), Standort und Pflege geben Hinweise für eine optimale Verwendung.

+ *Standort im beheizten Wohn-Wintergarten*
* *Standort im ökologischen, winterkühlen Wintergarten*

AKAZIE *
Acacia dealbata

Auch wenn diese Pflanze meist Mimose genannt wird, handelt es sich um die Echte Akazie. Ihre Blütezeit liegt im zeitigen Frühjahr (März).
Standort: *Hell und sonnig liebt es die Akazie, die in Südfrankreich frei wächst und im Februar und März blüht. Im Winter verträgt sie Temperaturen um fünf Grad.*
Pflege: *Mit entkalktem Wasser normal gießen, aber eher zu wenig als zu viel. Im Winter eine Ruhepause einhalten. Rückschnitt verträgt sie gut, am besten nach der Blüte.*

ALLAMANDA +
Allamanda cathartica

Die Kletterpflanze stammt aus Südamerika, wächst wie ein Wein und kann bis zu acht Metern hoch werden. Die hübschen Blüten erscheinen vom Frühjahr bis zum Herbst. Vorsicht: Der Milchsaft ist giftig.
Standort: *An einem hellen Platz mit hoher Luftfeuchtigkeit fühlt sie sich wohl. Die Bodenwärme sollte um 20 Grad betragen.*
Pflege: *Wegen ihres stürmischen Wachstums reichlich gießen und düngen. Im Winter hält sie eine Ruhepause (wenig Wasser, nicht düngen). Sie kann zu einem Busch geschnitten werden.*

ALOE *
Aloe arborescens

Baumartige, stark verästelte Sukkulente mit bis zu 60 cm langen fleischigen Blättern, die gut zwei Meter Höhe erreichen kann. Rosetten mit roten zylindrischen Blüten zeigen sich im Spätfrühling.
Standort: *Heller Standort bei guter Belüftung, die Mindesttemperatur beträgt zehn Grad.*
Pflege: *Mäßig gießen, im Frühling und Sommer je einmal düngen. In lehmhaltige Kakteenerde pflanzen. Ableger im Frühling abnehmen und einpflanzen.*

AUKUBE *
Aucuba japonica 'Variegata'

Der immergrüne Strauch, der drei Meter groß werden kann, hat – je nach Sorte – eine unterschiedliche Blattzeichnung. Im Frühjahr bilden sich rote Blütchen. Bei weiblichen Pflanzen entstehen daraus im Herbst leuchtend rote Beeren. Die Pflanze wird im Frühjahr gestutzt, falls sie zu groß geworden ist. Lehmhaltige Erde wird von ihr bevorzugt.
Standort: *Sie verträgt Sonne, aber lichter Schatten ist besser. Bei sommerlicher Hitze muss gut gelüftet werden. Die Aukube ist frosthart, deshalb ideal für ein unbeheiztes Glashaus.*
Pflege: *Je nach Standort reichlich gießen und von März bis September gelegentlich düngen. Im Winter trockener halten.*

ARAUKARIE *
Araucaria heterophylla

Die Zimmertanne wird im Zimmer bald zu groß. Im Wintergarten dauert es länger, in freier Natur kann sie 30 Meter hoch werden. Die weichen Nadeltriebe sind ein hübscher Anblick, wenn man etwas Immergrünes in seinem Wintergarten wünscht.
Standort: *Ein heller, aber nicht zu sonniger Platz, da Temperaturen über 25 Grad ungünstig sind. Im Winter sind fünf bis zehn Grad ideal. Die Pflanze mag humose Erde mit Lehmzusatz.*
Pflege: *Regelmäßig die Erde feucht halten, im Frühling und Sommer düngen. Im Winter (bei niedriger Temperatur) trockener halten.*

BANANE +
Musa

Die breiten Blätter dieses Tropengewächses sind sehr dekorativ. Schon im ersten Jahr kann die Pflanze gut einen Meter hoch werden. Später wird sie oft zu groß.
Standort: *Hell und warm; im Winter sind 10 bis 15 Grad günstig.*
Pflege: *Entsprechend dem üppigen Wuchs reichlich gießen und düngen. Im Winter weniger, damit die Banane nicht zu schnell weiterwächst. Schädlinge wie Spinnmilben (Anzeichen: durchscheinende Punkte auf den Blättern) und Pilzkrankheiten entstehen bei falscher Pflege und ungünstigem Standort. Zierbananen lassen sich leicht aus Samen (gibt's im Gartenbedarf) ziehen.*

BESCHORNERIE *
Beschorneria yuccoides

Die ausdauernde Sukkulente gehört zur Familie der Agavengewächse und erinnert zugleich an eine Yucca (daher der Artname). Im Sommer erscheinen bis zu einem Meter lange Rispen mit rot und gelb überzogenen Blüten. Die Beschornerie kann etwa eineinhalb Meter Höhe erreichen.
Standort: Sie verträgt reichlich Sonne und humusreichen Lehmboden. Im Winter sind fünf bis zehn Grad günstig. Minusgrade verträgt sie, Dauerfrost ist zu vermeiden.
Pflege: Wenig wässern, vor allem im Winterhalbjahr trockener halten. Von März bis September monatlich düngen.

BOUGAINVILLEA *
Bougainvillea glabra

Diese Kletterpflanze (hier mit Dreimasterblume und Sansevierie) ist vielen von Reisen in südliche Länder bekannt. Als Zimmerpflanze ist sie schwieriger zu halten als im Wintergarten. Hier gedeiht sie gut, wobei die gezeigte Art meist das Laub im Herbst abwirft. Neue Züchtungen mit größeren Blüten, also den farbigen Hochblättern in anderen Farben, wie Orange, behalten die Blätter während des Winters.
Standort: Ganzjährig hell und sonnig stellen. Im Winter sind fünf bis zehn Grad günstig.
Pflege: In der Wachstumszeit reichlich Wasser geben und im Winter trockener halten. Nach dem Rückschnitt treibt sie schnell aus.

BLEIWURZ *
Plumbago auriculata

Da die Zweige der beliebten „Kübelpflanze" mit den himmelblauen Blüten sehr leicht abbrechen, ist ihr Platz unter Glas ideal. Sie wächst sehr schnell und wird vier Meter hoch, kann aber zurückgeschnitten werden (am besten im Frühjahr). Sie blüht laufend bis in den Spätherbst. Rote Spinne und Weiße Fliege können unter Glas auftreten.
Standort: Hell und kühl stellen, im Sommer kann sie draußen stehen, im Winter sind fünf bis zehn Grad günstig.
Pflege: Reichliche Wassergaben und alle zwei Wochen Dünger garantieren eine attraktive Pflanze. Im Winter hält man sie trockener (Ruhezeit) und stellt sie kühler.

BUBIKÖPFCHEN *
Soleirolia soleirolii

Die Grünpflanze bewährt sich als problemloser Bodendecker im Wintergarten. Das Bubiköpfchen bewurzelt sich schnell, wenn man einige Triebe in die Erde steckt, andrückt und die Erde feucht hält.
Standort: Hell bis leicht schattig, bei normalen Temperaturen. Im Winter kann es kühl sein (fünf Grad), wenn das Bubiköpfchen trocken (Erde nicht ganz austrocknen lassen) gehalten wird.
Pflege: Gleichmäßig gießen, aber Staunässe vermeiden; in der Wachstumszeit düngen. Die Pflanzen können beliebig oft geteilt oder gestutzt werden.

DIPLADENIE +
Mandevilla splendens

Die tropische Dipladenie ist eine beliebte, reich verzweigte Zimmerpflanze und eine noch schönere Kletterpflanze für den Wintergarten, wo sie vier bis fünf Meter hoch werden kann. Die Krönung sind die trichterförmigen Blüten im Sommer. Achtung: Der Kontakt mit dem weißen Pflanzensaft kann zu Hautreizungen und Übelkeit führen.
Standort: Sie will es sonnig haben, sollte aber vor sommerlicher Mittagshitze geschützt werden. Im Winter sind 15 Grad günstig.
Pflege: Normal gießen und im Winter, entsprechend der Temperaturen, weniger. Von März bis September monatlich düngen.

DRACHENBAUM +
Dracaena marginata

Der Drachenbaum, von dem es weitere Sorten gibt, wird zwei bis drei Meter hoch. Sein interessanter Wuchs und der zierliche Stamm machen ihn schnell zum Blickfang.
Standort: Hell, aber nicht in die pralle Mittagshitze im Sommer platzieren. Verträgt auch erhöhte Luftfeuchtigkeit. Die Wärme im Winter auf 15 Grad reduzieren.
Pflege: Viel Wasser während der Wachstumszeit geben, aber Staunässe vermeiden. Von April bis September braucht der Drachenbaum etwas Dünger. Wenn die unteren Blätter abfallen, handelt es sich um einen normalen Vorgang, denn so entsteht der Stamm mit der „Baumkrone".

EFEUTUTE +
Epipremnum auratum

Sie ist eine der unkompliziertesten Pflanzen und kann den Boden bedecken oder, wenn ihre Wurzeln ein geeignetes Spalier vorfinden, mehrere Meter hochklettern. Ältere Pflanzen tragen im Sommer Blüten.
Standort: Ein heller oder leicht beschatteter Platz ist ideal. Im Winter sind 15 Grad das Minimum.
Pflege: Viel gießen und während der Wachstumszeit monatlich düngen. Im Winter etwas weniger gießen. Im Frühjahr die Triebspitzen stutzen, um die Verzweigung zu fördern.

EINBLATT +
Spathiphyllum-Hybride

Die rhizombildende Staude stammt aus den tropischen Ländern Asiens und Amerikas und wird bei uns vor allem wegen der duftenden Blütentriebe mit dem weißen Hochblatt geschätzt, die fast ganzjährig erscheinen. Größe etwa 50 cm.
Standort: Ein heller Platz ohne direktes Sonnenlicht oder in lichtem Schatten. Temperaturen nicht unter 15 Grad.
Pflege: Reichlich gießen und während der Wachstumszeit monatlich düngen. Im Frühjahr kann das Einblatt wie eine Gartenstaude in kleinere Pflanzen geteilt werden.

EISENHOLZBAUM *
Metrosideros excelsa

Der neuseeländische Strauch mit den weißfilzigen Blättern ist ein guter »Ersatz« für einen Olivenbaum. Unter günstigen Bedingungen kann er gut zehn Meter groß werden. Die attraktiven Blüten mit karminroten Staubfäden erblühen im Frühjahr.
Standort: Volles Licht, aber vor Mittagshitze schützen. Am besten kühl und luftig. Im Winter bei fünf bis zehn Grad stellen, die Temperaturen können bis an die Frostgrenze fallen.
Pflege: Regelmäßig gießen, aber eher zu wenig als zu viel. In der Wachstumszeit monatlich düngen. Rückschnitt nach der Blüte.

ENGELSTROMPETE *
Brugmansia aurea

Zu den schönsten Blütenpflanzen gehören die Kübelpflanzen mit dem riesigen, am Abend stark duftenden Flor, der vom zeitigen Frühjahr bis zum Herbst erscheint. Es gibt stark wachsende Arten, die sechs Meter hoch werden, aber auch niedrig bleibende. Die Blütenfarben sind Weiß, Gelb oder Orange. Alle Pflanzenteile sind giftig.
Standort: Hell und sehr sonnig in lehmhaltiger Erde, im Winter genügen Temperaturen um zehn Grad.
Pflege: Im Sommer eventuell zweimal täglich gießen, im Winter nur leicht feucht halten. In der Wachstumszeit regelmäßig düngen. Rückschnitt im Frühjahr. Anfällig für Schädlinge.

ELEFANTENFUSS +
Nolina recurvata

Der immergrüne Strauch aus Mexiko mit dem flaschenförmigen Stamm wird vier Meter hoch und breit. Im Alter bilden sich cremefarbene Blütenrispen.
Standort: Ein vollsonniger Platz in wasserdurchlässiger Erde ist für das Agavengewächs ideal. Im Winter sind 10 bis 15 Grad günstige Temperaturen.
Pflege: Eher zu wenig als zu viel gießen, das heißt wenn die Erde oben abgetrocknet ist. Im Winter nur gelegentlich ganz wässern. Im Sommer alle zwei Monate düngen.

EUKALYPTUS *
Eucalyptus globulus

Wegen seiner gesunden, farbigen Belaubung und dem üppigen Wachstum erfreut sich der australische Baum großer Beliebtheit. Er eignet sich aber nur für hohe, mehrgeschossige Glashäuser, da er 15 Meter und mehr hoch werden kann.
Standort: Als Solitärbaum hell und sonnig bei guter Lüftung stellen; im Winter verträgt er vorübergehend leichten Frost. Rückschnitt im Frühjahr.
Pflege: Reichlich gießen und in der Wachstumszeit alle zwei Monate düngen, um den Wuchs nicht zu stark zu fördern. Im Winter eine Ruhepause einhalten. Schädlinge sind nicht zu befürchten.

BEWÄHRTE PFLANZEN 89

FEIGE *
Ficus carica

Die Echte Feige, verwandt mit der Birkenfeige, ist ein ideales Gewächs, das gut drei Meter hoch werden kann. Die saftigen Früchte sind sehr schmackhaft, im Herbst werden die großen gefingerten Blätter abgeworfen. Der Milchsaft kann Hautreizungen verursachen.

Standort: *Hell und sonnig. Im Winter verträgt der Feigenbaum vorübergehend auch Frost.*

Pflege: *Normal gießen und gelegentlich düngen; im Winter muss eine Ruhezeit eingehalten werden, in der wenig gegossen und gar nicht gedüngt wird. Gelegentlich wird die Feige (leider auch die Früchte) von Schmierläusen und Spinnmilben befallen.*

FRANGIPANI +
Plumeria alba

Der halbimmergrüne Strauch ist für eine Einzelstellung geeignet. Er trägt von Sommer bis Herbst wunderschöne Blüten, die verführerisch duften. Er kann fünf Meter groß werden.

Standort: *In voller Sonne und lehmhaltiger Erde, die mit Sand vermischt ist, entwickelt sich der Strauch am schönsten. Im Winter für mindestens 15 Grad sorgen.*

Pflege: *Sparsam gießen und in der Wachstumszeit monatlich düngen. Im Winter nur sporadisch wässern. Rückschnitt, wenn erforderlich, im Frühjahr.*

FLAMINGOBLUME +
Anthurium andraeanum

Als tropisches Gewächs kommt die 50 bis 60 cm hohe Anthurie für Wohn-Wintergärten in Frage. Sehr dekorativ ist die Scheinblüte, die fast zu jeder Jahreszeit aus dem Blütenkolben und dem meist rot gefärbten Schutzblatt besteht. Der Pflanzensaft kann Hautreizungen verursachen.

Standort: *Hell, aber niemals in die pralle Sommersonne stellen. Nur im Winter braucht sie volles Licht. Die Erde sollte lehmig und luftig sein (mit Sphagnum-Moos und Mulch mischen). Für erhöhte Luftfeuchtigkeit und gleichmäßige Bodenwärme sorgen. 18 Grad gilt als Mindesttemperatur.*

Pflege: *Regelmäßig gießen. Eine Ruhezeit braucht sie nicht.*

HANFPALME *
Trachycarpus fortunei

Die einstämmige Palme ist nur für einen hohen Wintergarten geeignet, da sie gut zehn Meter groß werden kann. Die Sorte ‚Nanus' bleibt klein und bildet keinen Stamm. Im Frühsommer erscheinen lange Blütenrispen.

Standort: *Sie verträgt Sonne und Schatten gleichermaßen und wächst am besten in humusreichem, wasserdurchlässigem Boden. Wintertemperaturen um fünf Grad; sie verträgt auch Frost.*

Pflege: *Regelmäßig gießen, aber Staunässe vermeiden. Im Winter – bei entsprechender Kühle – trockener halten. Während der Wachstumszeit wird einmal monatlich Dünger gegeben.*

HELICONIE +
Heliconia-Hybride

Die immergrüne Staude stammt wie die Banane und Strelitzie aus den Tropen. Von Frühling bis Sommer erscheinen die attraktiven aufrechten oder hängenden Blütenrispen.

Standort: *Sie wächst am besten in leichtem Schatten und in einem porösen Substrat aus Rinde, Sphagnum-Moos, Grus und Sand (wie Orchideen). Vor Zugluft schützen, sonst leiden die Blätter darunter. Im Winter mindestens 15 Grad garantieren.*

Pflege: *Reichlich gießen und einmal pro Monat Volldünger geben (März bis September). In der kühleren Ruhepause im Winter weniger Wasser geben.*

HIBISKUS +
Hibiscus rosa-sinensis

Der Chinesische Roseneibisch, wie Hibiskus oft genannt wird, ist ein attraktiver immergrüner Dauerblüher im Wintergarten, der in vielen Farben angeboten wird. Er kann gut zwei Meter groß werden.

Standort: *Hell und sonnig stellen. Im Winter sind 15 Grad günstig. Bei geringerer Wärme blüht er weniger.*

Pflege: *Reichlich gießen und düngen in der Wachstumszeit; im Winter weniger gießen. Rückschnitt zu lang gewordener Triebe im Frühjahr. Sehr anfällig für Schädlinge wie Läuse aller Art und Rote Spinne. Deshalb Triebspitzen öfter kontrollieren.*

JACARANDA *
Jacaranda mimosifolia

Der Palisanderbaum ist ein Laub abwerfender Baum, der zehn Meter hoch werden kann und deshalb nur für hohe Wintergärten geeignet ist. Im Frühling und Frühsommer erscheinen blau-violette Blüten.

Standort: *Viel Licht ohne direkte Sonne bei guter Belüftung. Lehmhaltige, gut gedüngte Erde wird bevorzugt. Rückschnitt im zeitigen Frühjahr. Im Winter minimal zehn Grad.*

Pflege: *Reichlich gießen und während der Wachstumsphase einmal pro Monat düngen. Im Winter bei geringerer Wärme weniger wässern, um Wachstumsruhe zu ermöglichen.*

JAPANISCHE MISPEL *
Eriobotrya japonica

Einer der schönsten Bäume mit immergrünem Laub und im Herbst und Winter mit duftenden weißen Blüten, aus denen sich bei älteren Pflanzen orangegelbe, wohlschmeckende Früchte bilden. Wenn sie im Beet ausgepflanzt ist, kann sie einige Meter hoch werden.

Standort: *Hell und sonnig bei guter Belüftung. Im Winter genügen fünf Grad, die Pflanze verträgt auch leichten Frost.*

Pflege: *Normal gießen und während der Wachstumszeit düngen. Im Winter wenig gießen. Ein Rückschnitt ist nach Bedarf vor dem Austrieb im Frühjahr durchzuführen.*

BEWÄHRTE PFLANZEN

JASMIN *
Jasminum officinale

Unter den vielen Kletterpflanzen ist diese Art eine der schönsten. Der Jasmin kann zehn Meter hoch klettern. Von Sommer bis Herbst öffnen sich die duftenden Blüten.
Standort: *Viel Licht und leichter Schatten im Hochsommer sind gute Voraussetzungen für eine gesunde Entwicklung. Im Winter bei fünf Grad halten. Frost wird vertragen.*
Pflege: *Reichlich gießen und monatlich einen Blütendünger geben. Im Winter weniger wässern. Nach der Blüte alte und verblühte Triebe entfernen. Andere Jasmin-Arten brauchen kaum Rückschnitt.*

KASTANIENWEIN +
Tetrastigma voinierianum

Der immergrüne, bis zehn Meter hohe Kletterstrauch fällt durch sein gelapptes Laub auf. Im Sommer bilden sich winzige Blüten, die sich zu weintraubenähnlichen sauren Beeren entwickeln.
Standort: *Ein nicht zu heller Platz in lehmiger Lauberde ist für eine langjährig gute Entwicklung dieses Weines geeignet. Als Mindesttemperatur gelten 15 Grad.*
Pflege: *Entsprechend des Wachstums viel gießen und monatlich düngen. Im Winter weniger wässern. Rückschnitt, wenn erforderlich, im Frühjahr.*

KAMELIE *
Camellia japonica

Für einen unbeheizten Wintergarten sind die immergrünen Sträucher ideal. Die Pflanzen gelten als heikel, weil sie bei zu viel Wärme, unregelmäßigen Wassergaben, zu viel Dünger oder zu hohem Kalkgehalt Blätter und Knospen abwerfen. Die Blütezeit liegt meist im Winter und Frühjahr.
Standort: *Kühl und hell, nicht in die pralle Sonne und nicht zu tief pflanzen. Den Wurzelbereich stets schattig und feucht halten und mit Mulch bedecken (ähnlich den Rhododendren). Im Winter sind fünf bis zehn Grad günstig; die Pflanze verträgt auch Frost.*
Pflege: *Reichlich mit weichem Wasser gießen. Im Frühjahr und -sommer düngen. Im Winter sparsamer wässern.*

KENTIAPALME +
Howeia forsteriana

Die langsam wachsende Palme braucht Platz, da sie sechs Meter groß (auch breit) werden kann. Im Sommer erscheinen bei älteren Pflanzen Blüten, aus denen sich orangerote Früchte bilden.
Standort: *Sie braucht viel Licht, muss aber vor heißer Sommerglut geschützt werden. Ein gleichmäßig heller Platz wird bevorzugt. Lehmhaltige Erde ist ideal. Im Winter minimal 15 Grad.*
Pflege: *Mäßig gießen und in der Wachstumsphase monatlich düngen. Im Winter wenig wässern.*

KIWI *
Actinidia deliciosa

Laub abwerfende Kletterpflanze mit kräftigen Trieben (bis zehn Meter hoch). Im Frühsommer bilden sich Blüten, aus denen eiförmige, wohlschmeckende Früchte entstehen. Die meisten Sorten sind weiblich oder männlich (dann je eine Pflanze setzen). Die abgebildete neue Sorte ‚Jenny' befruchtet sich selbst.
Standort: Volles Sonnenlicht und lehmhaltige, gut gedüngte Erde. Im Winter genügen fünf Grad (Frost wird vertragen).
Pflege: Viel gießen und monatlich düngen. Im Winter die Erde feucht halten. Im späten Winter zurückschneiden.

KUMQUAT *
Fortunella japonica

Der kleine Strauch kann drei Meter hoch werden. Aus den wüchsigen, stark duftenden Blüten entwickeln sich im Laufe eines Jahres die essbaren, eiförmigen Früchte.
Standort: Das Citrusgewächs braucht viel Sonnenlicht. Im Winter sollte die Erde trockener gehalten werden. Als Mindesttemperatur gelten fünf bis zehn Grad.
Pflege: Reichliche Wassergaben und monatliche Düngergaben (am besten speziellen Dünger für Citrusgewächse oder kalkfreien wie für Hortensien verwenden) sind eine gute Voraussetzung für ein gesundes Wachstum.

MITRARIE *
Mitraria coccinea 'Clarks Form'

Der ausladende, etwas klimmende Strauch wird etwa zwei Meter hoch. Den ganzen Herbst über erscheinen kleine scharlachrote Blüten.
Standort: Der Pflanze genügt ein heller Platz ohne direktes Sonnenlicht bei erhöhter Luftfeuchtigkeit. Die Wurzeln (wie bei Clematis) kühl und schattig halten. So verträgt sie auch volle Sonne. Als Minimum gelten fünf Grad. Nachtfrost wird vertragen.
Pflege: Reichlich gießen und monatlich während der Wachstumszeit düngen. Im Winter die Wassermenge stark reduzieren, die Erde aber nicht austrocknen lassen.

MUEHLENBECKIE *
Muehlenbeckia complexa

Der Laub abwerfende Strauch mit den kleinen Blättchen windet sich bis zu drei Meter an Spalieren und Drähten empor oder bedeckt den Boden. Im Sommer bilden sich Blütchen, aus denen fleischige Früchte reifen. Er ist resistent gegen Schädlinge.
Standort: Viel Licht, aber keine Sommerhitze mag die problemlose Grünpflanze. Im Winter genügen fünf Grad. Frost wird vertragen.
Pflege: Die wasserdurchlässige Erde gut feucht halten. Im Winter etwas weniger gießen. Für Kletterhilfe oder Platz zum Ausbreiten sorgen. Rückschnitt nach der Blüte.

BEWÄHRTE PFLANZEN 93

NANDINE *
Nandina domestica

Der immergrüne Strauch gehört zur Familie der Berberitzen und wird etwa zwei Meter hoch. Er wird vor allem wegen seiner Blüten, Früchte und hübschen Blätter geschätzt.
Standort: *Der unempfindliche Strauch braucht einen Sonnenplatz mit feuchter, aber wasserdurchlässiger Erde. Im Winter bei fünf bis zehn Grad halten (die Temperatur kann vorübergehend auf unter Null sinken).*
Pflege: *Reichlich gießen, während der Wachstumsphase monatlich düngen. Im Winter entsprechend der niedrigen Temperatur nur sparsam wässern.*

PALMFARN +
Cycas revoluta

Er stammt aus dem Mesozoikum (vor 200 Mill. Jahren) und ist damit eine der ältesten Pflanzen. Das palmenähnliche Aussehen macht die maximal zwei Meter große Pflanze heute noch interessant. Bei einem ausgepflanzten Palmfarn entstehen wollige Blütenstände.
Standort: *Hell, aber vor zu viel Sonne schützen. 15 Grad Wärme ist das ideale Minimum. Das Substrat besteht aus einer Mischung von Lehm, Komposterde, grober Rinde und Grus.*
Pflege: *Mäßig gießen, aber im Winter weniger, auf Dünger kann verzichtet werden. Zur Bekämpfung von Schädlingen wie Woll- und Schildläusen biologische Mittel im Frühjahr einsetzen.*

OLEANDER *
Nerium oleander

Die bekannte Kübelpflanze wächst unter Glas besser als draußen und blüht viel schöner. Gut gepflegte Exemplare haben etwa 50 Knospen pro Blütenstand aufzuweisen. Die gesamte Pflanze ist giftig.
Standort: *Hell, sonnig und warm braucht es die Pflanze zur Blütenbildung und für den Knospenansatz des nächsten Jahres. Im Winter sind fünf Grad ideal. Oleander verträgt leichten Frost.*
Pflege: *Während der Wachstumszeit reichlich gießen und regelmäßig düngen. Im Winter wird entsprechend der kühleren Temperaturen weniger gegossen. Rückschnitt im späten Winter. Der Oleander ist sehr anfällig für Schild- und Schmierläuse.*

PASSIONSBLUME +
Passiflora quadrangularis

Die beliebte Kletterpflanze kann zehn Meter hoch werden und blüht bereits als junge Pflanze. Die 20 cm langen Früchte haben ein säuerliches Fruchtfleisch. Ähnlich ist die Maracuja, Passiflora edulis, mit großen Früchten.
Standort: *Viel Licht, aber ohne direkte Sommersonne, und ein Klettergerüst braucht die Passionsblume; im Winter ist eine Ruhezeit mit Temperaturen um etwa 15 Grad wichtig.*
Pflege: *Reichlich gießen, aber sparsam im Winter während der Ruhezeit. Im Frühjahr und Sommer wird laufend gedüngt. Rückschnitt erfolgt am besten im Frühjahr. Anfällig für Läuse und Rote Spinne.*

PHORMIUM (NEUSEELÄNDER FLACHS) *
Phormium tenax

Dieser Flachs ist eine horstbildende Staude mit steifen Blättern. Er kann drei Meter hoch werden. Im Sommer tragen vier Meter lange, kräftige Rispen rote Blüten.
Standort: Hell und bei ausreichender Luftfeuchtigkeit (Wassernähe) auch in die volle Sonne stellen. Lehmhaltiges Substrat ist günstig. Im Winter sind fünf bis zehn Grad ideal (verträgt vorübergehend auch Frost).
Pflege: Regelmäßig gießen, im Winter bei geringer Temperatur weniger. Während der Wachstumsphase monatlich düngen.

SABALPALME +
Sabal umbraculifera

Die schöne Fächerpalme ist nur für größere Wintergärten geeignet, da sie schnell groß wird. Im Sommer erscheinen Rispen mit cremefarbenen Blüten.
Standort: Hell oder in den lichten Schatten stellen. Im Winter genügen 15 Grad, sie verträgt aber auch weniger Wärme. Kalkhaltige Erde wird bevorzugt.
Pflege: Mäßig gießen und im Frühling einmal pro Monat düngen. Im Winter weniger, eher sporadisch gießen.

PHOENIX-PALME +
Phoenix roebelenii

Sie ist eine malerische Palme mit einem über zwei Meter hohen „Stamm" und langen grazilen Blättern. Neben dieser zierlichen Art empfiehlt sich für große Glashäuser die bekannte Dattelpalme (Phoenix canariensis), die weniger Winterwärme braucht. Phönixpalmen sind dekorative Solitärpflanzen, die frei stehen müssen.
Standort: Hell, sonnig, aber Mittagshitze im Sommer vermeiden. Im Winter genügen 15 Grad. In lehmhaltiger Blumenerde mit leichter Düngung gedeiht sie am besten.
Pflege: Reichlich gießen und im Sommer monatlich düngen; im Winter Ruhezeit einhalten und sparsamer gießen.

SCHIRMPALME *
Livistona chinensis

Diese interessante Palme beansprucht viel Platz (sie wird bis zehn Meter hoch), der bei der Wahl und Pflanzung berücksichtigt werden muss. Im Sommer erscheinen Rispen mit cremefarbenen Blüten.
Standort: Hell und sonnig in lehmhaltige, gut gedüngte Erde pflanzen. Im Winter sind fünf bis zehn Grad ausreichend.
Pflege: Reichlich gießen und in der Wachstumszeit monatlich düngen. Im Winter sparsam gießen und nicht düngen.

BEWÄHRTE PFLANZEN 95

SCHMUCKLILIE *
Agapanthus africanus

Die schöne Staude (hier mit Bubiköpfchen) ist als immergrünes Gewächs auch für Wintergärten geeignet. Die Anzahl der Blütendolden nimmt von Jahr zu Jahr zu. Es gibt sie auch in anderen Blautönen und mit weißen Blüten. Bei vielen gezüchteten Sorten stirbt das Laub im Herbst ab.
Standort: Hell und sonnig stellen. Die Erde sollte lehmhaltig und gut gedüngt sein. Im Winter genügen fünf bis zehn Grad.
Pflege: Regelmäßig und viel gießen und von Frühling bis Sommer monatlich düngen, im Winter trockener halten. Selten umpflanzen.

SCHÖNMALVE * oder +
Abutilon megapotamicum

Der aparte, etwa zwei Meter hoch werdende Strauch mit den vielen glockenartigen Blüten vom Sommer bis zum Herbst ist eine Bereicherung im Wintergarten. Wegen der Anfälligkeit für Schädlinge, wie Blattläuse, sollten die neuen Triebe laufend kontrolliert werden.
Standort: Hell, aber nicht in die pralle Sonne stellen. Im Winter verträgt die Pflanze Temperaturen von minimal fünf Grad.
Pflege: Gleichmäßig gießen und monatlich düngen. Im Winter eine Ruhezeit einhalten und weniger gießen. Wird die Pflanze zu ausladend, kann sie im Frühjahr gestutzt werden.

STECKENPALME +
Rhapis humilis

Der Stamm wirkt rohrartig und wird etwa zwei Meter hoch. Die Blätter sind mit zahlreichen Einschnitten versehen. Als Beetpflanze kann sie von bodendeckenden Gewächsen hübsch begleitet werden.
Standort: Hell oder in den leichten Schatten stellen. Im Winter genügen 15 Grad. Feucht-humose, aber wasserdurchlässige Erde verwenden
Pflege: Normal gießen und monatlich während der Wachstumszeit düngen; im Winter sparsam gießen. Gelegentlich treten Schildläuse am Stamm und den Blattunterseiten auf.

STERNJASMIN *
Trachelospermum jasminoides

Bis zu acht Metern Höhe winden sich die Triebe des eleganten Jasmins aus dem Fernen Osten an Spalier und Geländer. Im Spätsommer zeigen sich die duftenden, rein weißen Blüten. Das glänzende Laub färbt sich im Winter bronzerot.
Standort: Viel Licht und ein lehmhaltiger Boden sind die besten Voraussetzungen für ein gutes Wachstum. Im Winter kühler halten.
Pflege: Reichlich gießen (im Winter weniger) und im Frühling und Sommer düngen. Im Frühjahr zurückschneiden.

STRAHLENARALIE +
Schefflera actinophylla

Die robuste Pflanze wird wegen ihrer großen, ledrigen Blätter geschätzt, die sich zahlreich entwickeln. Sie kann gut sechs Meter hoch werden. Sie eignet sich als frei stehende Einzelpflanze. Im Sommer erscheinen Rispen mit roten Blütchen.

Standort: *Hell, aber nicht zu sonnig stellen, sie verträgt auch leichten Schatten. Im Winter genügen Temperaturen von 15 Grad. In humusreiches Substrat pflanzen.*

Pflege: *Normal gießen und im Frühjahr und Sommer monatlich düngen. Im Winter die Wassermenge reduzieren. Für erhöhte Luftfeuchtigkeit sorgen. Anfällig für Schild- und Schmierläuse.*

TIBOUCHINA *
Tibouchina urvilleana

Eine der schönsten Pflanzen für den Wintergarten. Sie wächst zu einem ausladenden Strauch mit vier bis fünf Metern Höhe und bildet ab Sommer über ein halbes Jahr lang herrliche Blüten. Auch das samtige Laub ist dekorativ.

Standort: *Hell und sonnig stellen, im Winter genügen fünf Grad. In lehmhaltige Erde pflanzen.*

Pflege: *Regelmäßig gießen und von Frühling bis Sommer monatlich düngen. Im Winter weniger gießen, Staunässe vermeiden. Die Triebe entspitzen, damit sich die Pflanze weit verzweigt und dadurch mehr Knospen ansetzt. Rückschnitt vor dem Austrieb.*

STRELITZIE *
Strelitzia reginae

Die Paradiesvogelblume ist eine prächtige, bis zwei Meter große Staude für den größeren Wintergarten. Im Winter und Frühjahr erscheinen die exotisch wirkenden Blüten zwischen den großen immergrünen Blättern.

Standort: *Sonnig stellen, aber Hitzestau vermeiden (dann stark lüften). Im Winter sind Mindesttemperaturen um zehn Grad günstig. In lehmhaltige, gut gedüngte Erde pflanzen.*

Pflege: *Reichlich gießen und von Frühjahr bis Sommer monatlich düngen. Im Winter sparsamer gießen.*

TRADESKANTIE (DREIMASTERBLUME) +
Tradescantia spathacea

Die etwas unbekanntere Tradeskantien-Art (bis vor kurzem als Rhoeo bezeichnet) ist eine Gruppen bildende Staude mit zweifarbigen Blättern. Während des ganzen Jahres öffnen sich weiße Blütchen, die aus muschelförmigen Hochblättern schauen. Hübsch als bodendeckende Staude.

Standort: *Sie braucht einen nicht sehr hellen Platz, grünblättrige Tradeskantien vertragen mehr Schatten. Im Winter wären 15 Grad ideal. Wächst in normaler Blumenerde.*

Pflege: *Regelmäßige Wassergaben, aber nur in der Wachstumszeit, im Frühling und Sommer monatlich düngen. Im Winter weniger gießen, aber die Erde nicht austrocknen lassen.*

YUCCA *
Yucca aloifolia

Unter den vielen Arten der Palmlilie ist diese am bekanntesten. Ihr dicker, verholzter Stamm hebt sich gut von dem Blattschopf ab. Sie kann sechs Meter hoch werden. Im Sommer bilden sich meist weiße Blütenrispen.
Standort: Hell, aber nicht in die pralle Sonne stellen. Sie verträgt trockene Luft und niedrige Temperaturen bis zehn Grad (vorübergehend auch darunter).
Pflege: Normal gießen und in der Wachstumszeit monatlich düngen. Im Winter stark reduzieren, bei kühlem Standort nur sporadisch gießen.

ZISTROSE *
Cistus monspeliensis

Der buschige Strauch ist hübsch als Solitär oder Bodendecker. Seine Blüten, die im Frühsommer erscheinen, sind attraktiv, wirken aber etwas zerknittert.
Standort: Volle Sonne und ein magerer, fast ungedüngter Boden mit geringem Kalkgehalt sind die besten Voraussetzungen für eine üppige Blüte. Im Winter bei fünf Grad halten.
Pflege: Normal gießen, im Winter sporadisch wässern, aber nicht austrocknen lassen. Jungpflanzen nach der Blüte stutzen.

ZIMMERLINDE *
Sparmannia africana

Der Strauch aus der Familie der Lindengewächse mit dem schönen, hellgrünen Laub kann vier Meter hoch werden. Reizvoll ist auch die Blüte im späten Frühjahr.
Standort: Hell, aber nicht sonnig und zu warm stellen, 15 Grad wären genug. Vor allem im Winter auf einen kühlen Platz bei um acht Grad achten. Dann blüht die Linde im Frühjahr schön. In lehmhaltige, gut gedüngte Erde pflanzen.
Pflege: Reichlich gießen und in der Wachstumsphase monatlich düngen. Im Winter die Wassermenge einschränken. Wenn die Pflanze zu ausladend wird, im Frühjahr zurückschneiden.

ZITRONE *
Citrus limon

Alle Zitrusgewächse wie Orange, Zitrone, Mandarine, Grapefruit oder Chinotto-Limone gedeihen im Wintergarten. Der Zitronenstrauch wird etwa drei Meter groß. Reizvoll sind ab März die duftenden weißen Blüten, die oftmals gleichzeitig mit den reifen Früchten erscheinen. Die Reifezeit beträgt 12 bis 13 Monate.
Standort: Hell und sonnig. Im Winter wird die Temperatur abgesenkt. Zitronen vertragen bis fünf Grad und darunter.
Pflege: Normal gießen und im Frühjahr und Sommer alle zwei Wochen (kalkfrei) düngen. Im Winter mäßig feucht halten. Rote Spinne und Schildläuse treten gelegentlich auf.

Glasarchitektur durchdringt das ganze Haus und erreicht eine heitere Leichtigkeit, optimale Besonnung und dazu einen hohen Energiespareffekt (Steuber).
PICTURE PRESS, HAMBURG/RICHARD SCHENKIRZ

NEUBAUTEN, ANBAUTEN, ENERGIESPARHÄUSER
35 BEISPIELHAFTE PROJEKTE

1
BIEDERMEIERHAUS MIT ZUKUNFT
PLANUNG: ARCHITEKT LUIGI BLAU, WIEN

In einem noblen Randbezirk von Wien sollte ein typisches Haus aus dem Biedermeier saniert und erweitert werden. Das Grundstück ist mit elf Metern Breite äußerst schmal. Grund genug, sich bei der geplanten Erweiterung zu beschränken. Für die neuen Besitzer musste das Haus umfangreich umfunktioniert und erweitert werden, da drei Kinderzimmer gebraucht wurden. Im Innern kam es zu einer völligen Neuorientierung. Bereits äußerlich wird der Neuanfang für das alte Haus sichtbar: Wie ein Reißverschluss wurde es seitlich geöffnet und eine Art Glasband, ein zweigeschossiger Wintergarten in zeitgemäßer Architektursprache, wurde davor gesetzt. Der Wohnraum, der nun sehr viel Tageslicht erhält, wird mit dem eingeschobenen Zwischenpodest und dem galerieartigen Obergeschoss in verschieden hohe Bereiche gegliedert. Der Essplatz unter dem Zwischengeschoss (siehe Abbildung rechts) kommt dabei mit einer niedrigen Deckenhöhe aus, ohne dadurch an Großzügigkeit einzubüßen.

KONSTRUKTION
Der Wintergarten ist nach Südwesten und Südosten sowie zum Wohnraum hin isolierverglast. Nach Norden wurde eine konventionelle Bauweise gewählt. Diese Seite wurde durch eine wärmedämmende, 38 Zentimeter starke Hohlblock-Ziegelwand geschlossen. Dazu kommen eine tragende Stahlkonstruktion, die die Innen- und Außenflächen thermisch trennt, und Glassprossen aus thermisch getrennten Wema-Industrieprofilen mit 50 Millimetern Ansichtsfläche. Isolierglas mit 1,3/m² K.

MATERIALIEN
Der Wintergarten ist mit einer Fußbodenheizung ausgelegt, die den Raum mindestens zehn Grad warm hält. Die Be- und Entlüftung erfolgen im Wesentlichen manuell durch die große Schiebetür im Wohnraum. Für die bessere Durchlüftung des Wintergartens sorgen Lüftungsklappen, die an den beiden Schmalseiten oben und unten eingebaut sind.

△ Der zweigeschossige Raum gibt dem Haus viel Licht. Die Wände sind weiß, der Boden mit bruchrauen Solnhofener Platten belegt. Im Obergeschoss wurde gebeiztes Eichenparkett verwendet. Alles ist klassisch in alter Bautradition, nicht modernistisch.

MARGARITA SPILUTTINI, WIEN

PROJEKTE 101

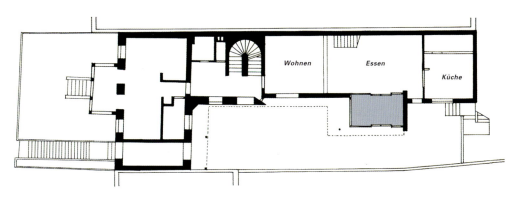

Anbau Wohn-Wintergarten
Grundriss M 1 : 300
Grundfläche: 11 m²
Umbauter Raum: 67 m³

▽ Das schöne alte Haus wurde durch einen diskret angefügten
Wintergarten behutsam erweitert. Die weiß gestrichenen
Holzbalken treten im Obergeschoss deutlich in Erscheinung.

2
EIN WINTERGARTEN ALS ATELIER
PLANUNG: PLANERKOLLEKTIV, HAMBURG
PROJEKTLEITERIN: DIPL.-ING. ELINOR SCHÜES
GARTENPLANUNG: GRÜNPLANUNG TIMM, HAMBURG

Einfamilienhäuser, die um die Jahrhundertwende gebaut wurden, sind in der Regel ausgereift. Doch müssen sie gelegentlich heutigen Bedürfnissen angepasst werden. Dieses Hamburger Stadthaus war bereits auf verschiedenen Ebenen modernisiert und komfortabler gemacht worden. Es fehlte aber noch ein heller Raum, der als Atelier von der Dame des Hauses, einer Hobbymalerin, genutzt werden kann. Sie malt nicht nur gern, sondern aquarelliert auch sehr gut – bevorzugt Motive aus südlichen Ländern.

KONSTRUKTION
In die nach Osten gewandten Außenwände des vorhandenen Souterrains wurden große Öffnungen geschlagen; ein Wintergarten in moderner Form wurde angebaut. Das Planerkollektiv wählte eine Holzkonstruktion aus Leimbindern, deren Profile fast so filigran wie Stahl- oder Aluminiumkonstruktionen wirken. Die Dachprofile sind außen mit Kupfer abgedeckt. An Stelle großer Öffnungsflügel gibt es in den Wänden verdeckt liegende Ventilatoren, die temperaturgesteuert vor zu großer Wärme schützen. Dies bietet außerdem einen Einbruchschutz. Auf eine Beschattung wurde verzichtet, da der Wintergarten nach Osten zum Baumbestand orientiert ist und nicht allzu große Hitze zu erwarten ist. Eine Fußbodenheizung und Unterflurkonvektoren sorgen für ausgeglichene Wohnwärme. Zwei Türen öffnen sich ganz zentral vor der Brunnenanlage: Die Bauherren können zwar von hier aus den Garten nicht direkt betreten (sondern nur über die seitlichen Türen), aber so spüren sie die Weite und lauschen gern dem Glucksen des kleinen Wasserfalls, während sie ihrer Arbeit oder ihrem Hobby nachgehen.

△ Extrem schmale Holzprofile und bis auf den Boden verglaste Seitenwände lassen viel Licht in den Wintergarten. Eine Fußbodenheizung unter den handgeformten Tonfliesen und die Unterflurkonvektoren schaffen eine wohnlich-warme Atmosphäre.

△ Der verglaste Anbau ist ganz zum Garten hin orientiert. Die Doppeltür wurde mittig eingebaut, und dem passt sich auch die Granit-Brunnenanlage mit dem schmalen Wasserkanal an, der von acht Buchsbaumkugeln begleitet wird.

PROJEKTE **103**

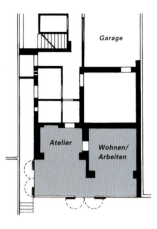

Anbau Wohn-Wintergarten
Grundriss M 1 : 300
Grundfläche: 17 m²
Umbauter Raum: 73 m³

▽ Der Wintergarten, der sich über die gesamte Breite des Untergeschosses des historischen Stadthauses erstreckt, vergrößert die ehemaligen Kellerräume und wertet die Wohnqualität auf. Die dunkelgrünen Sprossen lassen den Wintergarten zurückhaltend wirken.

3
DER GARTEN UNTER GLAS
PLANUNG: ARCHITEKT WINFRIED M. KLIMESCH, LOG ID/PROF. DIETER SCHEMPP, TÜBINGEN

Um die Lücke zwischen der bestehenden Bebauung für die Besonnung zu nutzen, wurde das Haus nicht an der Straße, sondern im unteren Grundstücksteil gebaut. Der langgestreckte Baukörper des lichtdurchfluteten Hauses folgt mit dem Niveausprung im Erdgeschoss dem Geländeverlauf und nimmt bewusst die Bezüge zum Garten auf. Dadurch ergibt sich für den Wohnraum eine größere Höhe. Auch im Glashaus ist der Vorsprung sichtbar. Mit dem gebogenen Dach öffnet sich das Gebäude der Sonne. Eine gut wärmegedämmte Hülle und das nach Südwesten vorgelagerte, bepflanzte Glashaus bewirken einen geringen Energieverbrauch. Die Fenster erlauben den Blick in den Schwarzwald und in die exotische Pflanzenwelt des Glashauses.
Die Wohnfläche des Hauses beträgt 185 Quadratmeter, das Glashaus hat eine Größe von 61 Quadratmetern.

KONSTRUKTION UND MATERIALIEN
Die Materialien sind zweckmäßig gehalten. Die Außenwände des Hauses bestehen aus Kalksandsteindämmung. Verzinkte Stahlprofile gliedern die Fassade und bieten an Fensterlaibungen Kantenschutz. Die dem Glashaus zugewandten Wandflächen wurden in Sichtmauerwerk aus hellgrauem Betonstein ausgeführt. Sie dienen der Wärmespeicherung der eingestrahlten Sonnenenergie. Der Wintergarten besteht aus einer feuerverzinkten Stahlkonstruktion mit einem pulverbeschichteten Alu-Verglasungssystem (Wärmeschutzglas mit dem k-Wert 1,5). Die Dachkonstruktion wurde auf Fachwerkträger reduziert, um sie filigran zu halten. Die Lüftungsklappen am Dach, die sich temperaturgesteuert öffnen und schließen, sind flächenbündig gearbeitet, sie ragen also nicht hervor.
Die Zuluftklappen am Boden werden motorisch betrieben, aber können aus Sicherheitsgründen manuell ein- und ausgeschaltet werden. Die Bewohner öffnen oder schließen ganz nach Belieben die Räume zum Glashaus und auch nach außen zum Garten hin und sorgen damit für eine gute Durchlüftung. Zusätzlich wird das Haus durch Lüftungsklappen am First entlüftet. Es wurde nach den Prinzipien der Grünen Solararchitektur konzipiert. Es ist energetisch wirtschaftlich, das Glashaus lässt sich aber nicht ganzjährig bewohnen, weil die Innentemperaturen bei Dauerfrost auf

△ Der Gang durch den überdachten Garten mit den vielen bekannten und fremdländischen Pflanzen erinnert an den Besuch der Gewächshäuser im Botanischen Garten. Die Luft ist schwer und voller Aroma feuchter Erde und duftender Blüten. Die Stufenanlage macht den Höhenunterschied des Grundstücks auch im Glashaus spürbar. So wird der Wintergarten in zwei Bereiche gegliedert und dadurch interessanter.

PROJEKTE **105**

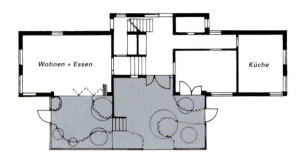

Neubau ökologischer Wintergarten
Grundriss M 1 : 300
Grundfläche: 95 m²
Umbauter Raum: 330 m³

▽ Das vorgelagerte, gestaffelte Glashaus ist ein wichtiger Baukörper für die Klimatisierung des Hauses. Es ist ideal nach Südwesten orientiert. Die gewonnene Sonnenenergie wird zum Erwärmen der angrenzenden Räume genutzt. Die hohen Grünpflanzen sorgen bereits wenige Monate nach der Pflanzung für eine angenehme Beschattung. Am First sind die Lüftungsklappen angeordnet.

▽ *Der Sitz- und Essplatz im Grünen wurde zum beliebten Treffpunkt für Familie und Freunde von Frühling bis Herbst. Der filigrane Australische Silberbaum wurde bereits gestutzt, damit er mehr in die Breite und weniger in die Höhe wächst. Die großblättrige Zimmerlinde ist mit dem hellgrünen Laub ein Blickfang und wichtiger Sonnenschutz.*

minimal acht Grad absinken können. Vor allem an trüben Tagen fällt die Temperatur, sodass die Zusatzheizung einspringen muß. Der Plattenbelag der Sitzplätze und Wege besteht aus granitgrauen Fliesen.

BEPFLANZUNG

Das Glashaus wurde mit subtropischen Gewächsen bepflanzt, die in Asien, Südafrika und Australien heimisch sind. Sie verkraften am besten die hohen Temperaturunterschiede, die vor allem an Sommertagen extrem sein können. Die Pflanzen wurden nicht in Kübel, sondern in Beete gepflanzt, wo sie automatisch bewässert und gedüngt werden (Tröpfchen-Bewässerung). Laub abwerfende Sträucher wie Zimmerlinde und Feige und Kletterpflanzen wie Jasmin und Passionsblume stehen als sommerlicher Sonnenschutz auf der Südseite. Im Winter gelangen die Sonnenstrahlen durch das unbelaubte Geäst der Gehölze.

Ein alljährlicher Rückschnitt zu hoch gewordener Äste von Eukalyptus, Australischem Silberbaum (Grevillea) oder Japanischer Wollmispel ist notwendig, um das Glas freizuhalten.

PROJEKTE **107**

▽   Ungewohnt, beruhigend und voller Reiz: Der Platz wird von Sträuchern umgeben, die das warme Klima im Sommer und die geringe Wärme im Winter lieben. Eukalyptus, Silberbaum, Kletterficus, Drachenbaum und Eisenholzbaum bilden eine schöne Kulisse.

4
HAUS IN DEN BÄUMEN
PLANUNG: NIEDERWÖHRMEIER + KIEF, FREIE ARCHITEKTEN BDA, NÜRNBERG

Die Lage des Grundstücks ist nahezu einzigartig in Nürnberg: Es liegt am Rande eines Naturschutzgebietes der Überschwemmungswiesen der Rednitz. Im Norden wird es von einer Kulisse aus alten Eichen gerahmt und fällt mit einer Steilkante zum Bach ab. Im Süden neigt sich eine Obstbaumwiese talwärts. In einer solchen Grundstückssituation ein Wohnhaus mit integriertem Architekturbüro zu bauen, erfordert aufgrund des starken Eingriffs in die Natur hohes Verantwortungsbewusstsein. So sollte ein Gebäude entstehen, das sich einerseits in den vorhandenen Baumbestand einfügt, andererseits sollte es Sonnenlicht einfangen und einen schönen Ausblick bewahren. Die zweite Verpflichtung war die bestehende Bebauung. Die städtebauliche Ausrichtung sollte zwischen den verschiedenen Richtungen vermitteln und in einen Dialog mit dem nahen Elternhaus aus den 50er-Jahren treten. Die natürliche, bewegte Topografie begünstigte separate Split-Level-Erschließungen und eine deutliche Trennung des privaten Bereiches von den Büroräumen. Der Baukörper bindet sich durch seine dunklen, grau-grün geputzten Wände in seine natürliche Umgebung ein. Die Wiese verläuft direkt bis ans Haus. Hinzu kommen Naturholzfenster und -paneele (Fichte in Pfosten-Riegel-Konstruktion) sowie die Verkleidung der Galerie mit Zedernholz. Alle Stahlteile sind als zweite Ebene hell und filigran vor den Hauskubus gestellt, um auch hier mit Licht- und Schattenspielen die Grenzen von Natur und gebauter Architektur zu verwischen.

KONSTRUKTION
Das energetische Konzept sieht eine U-förmige Schließung der Ost-, Nord- und Westseiten vor (Hochloch-Ziegelwände). Nebenräume und Schränke dienen als Pufferzonen. Im Norden ist das Gebäude um ein halbes Geschoss eingegraben. Die Südseite ist fast vollständig verglast und dient als Licht- und Energiefalle. Hier ist auch der kleine zweigeschossige Wintergarten angeordnet, der zum Büro im unteren Geschoss hin offen ist. Über Innenfenster kann die erwärmte Luft in die darüber liegende Wohnung gelenkt werden. Der Wintergarten ist eine selbst konstruierte Glas-Stahl-Konstruktion mit schlanken IPE-Profilen, Alu-Deckleisten mit sichtbarer Verschraubung und Isolierverglasung (k-Wert 1,3

△ Der zweigeschossige Wintergarten ermöglicht den räumlichen Verbund von Wohnen und Arbeiten. Am Abend und an den Wochenenden, wenn der normale Bürobetrieb in der unteren Ebene abgeklungen ist, wird die Tür zum Glasanbau geöffnet, um den Luftraum zu vergrößern und die feucht-warme Luft in die Wohnräume hineinzulassen.

für die senkrechten Scheiben; k-Wert 1,8 für Überdachverglasung). Ein in den Natursteinboden (Jura-Marmor) versenkter Bodenkonvektor verhindert eine stärkere Kondensatbildung an kalten Tagen im Winter.

BEPFLANZUNG
Alle Pflanzen werden in Töpfen und Kübeln gehalten (für die Anlage von Beeten fehlte in dem Glasvorbau der Platz) und von Hand gegossen. Der Hibiskus und die Bougainvillea blühen das ganze Jahr hindurch. Ebenso bewährt haben sich Orchideen, Weihnachtssterne und Zitronen. Von den Früchten des Kaffeebaumes wurde nach reicher Ernte mehrfach Kaffee erzeugt und sogar gebrannt. Als unproblematisch hat sich die Pflege von Palmen, Yucca und Sukkulenten wie Kakteen erwiesen.

PROJEKTE 109

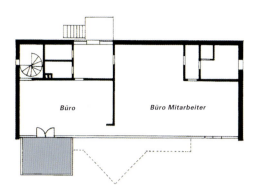

Neubau Wohn-Wintergarten
Grundriss M 1 : 300
Grundfläche: 12 m²
Umbauter Raum: 30 m³

▽ Der klare, freundliche Baukörper fügt sich gut in das natürliche, nicht überladene Gartengrundstück ein. Im Herbst wirken die Holzpaneele und das gefärbte Eichenlaub ganz Ton in Ton. Die obere Ebene mit dem Balkon gehört zu den privaten Wohnräumen, darunter liegt das Büro. Auf der rechten Seite führt eine Tür in den Garten.

5
GARTENZIMMER FÜR GENIESSER
PLANUNGSIDEE: HOLGER REINERS, HAMBURG

Viele Häuser aus den 30er-Jahren machen es den Planern und ausführenden Firmen nicht leicht, einen Wintergarten anzubauen, der sich formal der Architektur anpasst oder sie im besten Falle sogar ergänzt. Das galt auch für dieses Stadthaus aus dem Jahr 1934 im Osten von Hamburg. Die Alternativen konnten nur sein, entweder sehr modern zu bauen, mit viel Glas und dem feinen Spiel von Sprossen, oder die traditionelle Bauweise eines Gartenzimmers. Die Bauherren wünschten sich an die Stelle der vorhandenen, zu wenig genutzten Terrasse einen zusätzlichen, lichtdurchfluteten Raum und entschieden sich für die klassische Variante.

KONSTRUKTION UND MATERIALIEN
Die umlaufende Ringbalkenkonstruktion ruht auf Holzstützen (hochwertige Hemlocktanne). Im Pultdach wurden Sparren im Abstand von 65 Zentimetern eingebaut. Die Alu-Deckleisten sind mit Hartholzleisten abgedeckt. Konstruktiver Holzschutz, also eine Bauweise, bei der die Feuchtigkeit schnell abgeleitet wird, gewährleistet eine lange Haltbarkeit. Die Holzleisten sind mit weißem Wasserlack überzogen. In die Tür zum Garten wurden Zuluftschlitze zur Dauerbelüftung eingebaut. Außerdem wurden einige Fenster zum Ausstellen ausgeführt. Die erwärmte Luft wird im Dachbereich temperatur- und feuchtigkeitsabhängig abgeführt. Es wurde normales Isolierglas verwendet (k-Wert 1,4). Eine Notheizung verhindert, dass die Innentemperaturen unter null Grad absinken.

So ist hier ein Gartenzimmer entstanden, das den Bauherren eine neue Lebensqualität vermittelt: Hier können sie im Winter schon nach kurzer Sonnenscheindauer im Warmen sitzen.

◁ *Der nachträglich angebaute Wintergarten fügt sich ganz harmonisch an die Giebelseite des alten Klinkerhauses, mit dem First unmittelbar unter dem vorhandenen Balkon. Mit einer Größe von 7,70 x 3,30 Metern und einer Traufhöhe von 2,20 Metern hat er ideale Maße für ein unbeheiztes Gartenzimmer. Der Zugang vom Haus erfolgt über den Wohnraum (rechts) und die Küche. In den Garten gelangt man über eine symmetrisch angeordnete Stufenanlage aus Hartholz, die von zwei kleinen Podesten neben der Doppeltür gesäumt wird (Cornelius Korn).*

PROJEKTE **111**

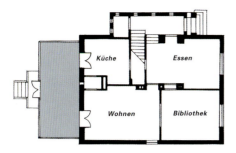

Anbau ökologischer Wintergarten
Grundriss M 1 : 300
Grundfläche: 25 m²
Umbauter Raum: 60 m³

▽ Wie viele Wintergärten ist auch dieser ein Vielzweckraum für die Familie. Besonders festlich wirkt er, wenn für ein sommerliches Abendessen aufgetischt wird und das frühabendliche Sonnenlicht hineinleuchtet. Der Boden wurde mit Platten aus englischem Kalkstein mit umlaufender Bordüre verlegt (Flag Stone).

6
MUSEUMSREIF
PLANUNG: DESIGN ANTENNA, LONDON

Ein Glasanbau an das Glasmuseum Broadfield House in Kingswinford, westlich von Birmingham, machte Furore und erhielt den begehrten Benedictus Award. Der Grund: Der revolutionäre Anbau verzaubert seine Betrachter und Benutzer durch eine neue Leichtigkeit, die ihresgleichen sucht.

KONSTRUKTION

Der Anbau ist einfach konstruiert und die Maße sind auch eher bescheiden. In seiner Größe von 11,00 x 5,70 Metern und 3,50 Metern Höhe wurde das durchsichtige Haus in den Winkel des Gebäudes aus Backstein gefügt. Das Ungewöhnliche an diesem Bau ist das Tragwerk: 5,70 Meter lang, 30 Zentimeter hoch und 32 Millimeter stark sind die Träger aus Glas, die auf 20 Zentimeter tiefen Glasstützen beziehungsweise in Stahlschuhen im Backstein-Mauerwerk aufliegen. Sie werden wie auch die Glasstützen aus drei Scheiben (10 mm stark) gebildet, die mit Gießharz verklebt sind. Träger und Stützen sind durch Zapfen, die auch mit Gießharz verschlossen sind, miteinander verbunden. Beide Teile verschmelzen optisch zu einem einhüftigen Glasrahmen. Das (zur Reinigung) begehbare Dach wurde mit 1,10 Meter breiten Isolierglas-Einheiten gedeckt. Außen liegt ein 10 Zentimeter starkes, farbneutrales Sonnenschutzglas; auf der Innenseite ein ca. 12 Millimeter starkes, vorgespanntes Verbund-Sicherheitsglas, das mit einem Streifenraster bedruckt ist. Die Fassade besteht aus 8 Millimeter starkem, äußeren Sonnenschutzglas und 10 Millimeter starkem ESG-Glas. In dieser Kombination wird die Sonneneinstrahlung auf 37 Prozent reduziert. Beheizt wird der „Pavillon" durch eine Konvektorenheizung. Gelüftet wird nach innen und nach außen über die Flügeltür des Eingangs.

▽ *Der Blick unter das Dach macht die Kühnheit der Konstruktion deutlich. Es stören kein Holz- oder Metallträger, kein Profil, keine Abdeckleiste: Träger und Stützen sind aus Glas und vermitteln bezaubernde Leichtigkeit.*

PROJEKTE **113**

Beheizter Glasanbau
Grundriss M 1 : 400
Grundfläche: 52 m²
Umbauter Raum: ~160 m³

▽ Das grünlich schimmernde Juwel aus Glas dient als Eingangshalle für das Glasmuseum in einem englischen Dorf und hebt sich wohltuend von der Backsteinfassade ab.

7
WIDER NORMALE DENKMUSTER
PLANUNG: ARCHITEKTEN GRUHL & PARTNER, KÖLN
GARTENPLANUNG: DR. BERNHARD KORTE,
LANDSCHFATSARCHITEKT, DÜSSELDORF

Ein Haus, das der heutigen Zeit entspricht, war geplant, und in dem Kölner Architekten Gruhl fanden die experimentierfreudigen Bauherren den richtigen Partner. Sie hatten sich einen Umbau angesehen, bei dem er anders vorgegangen war, als die meisten seiner Berufskollegen. Er hatte dabei Abschied genommen von eingefahrenen Denkmustern, von verlässlichen Arbeitsmethoden und sicherer Selbsteinschätzung. Und genau dies war es, was den Bauherren für ihr eigenes geplantes Neubauprojekt gefiel.

KONZEPT
Klassische Architekturvorstellungen, Rechtwinkligkeit und Symmetrie werden hier aufgehoben. Dabei entstehen Gegensätzlichkeiten und Spannungen. Wenn der Entwurfsprozess beendet ist und gebaut wird, gerät das Bauen zur Momentaufnahme. Es wird kein Endprodukt angestrebt. Das Haus könnte jederzeit verändert oder erweitert werden. Die Entwurfsarbeit beginnt mit dem Modell, dann folgt der Plan. „Was nur am Reißbrett entsteht, kann mit dem Bauch nicht nachempfunden werden." Beim Modell für dieses Haus gab es nur Löcher im Dach, in die die vorgefertigten Kuben eingeschoben wurden. Dann wurden sie in den richtigen Winkel gerückt. Was den Bauherren am Anfang verwirrend erschien, entpuppte sich aber als äußerst einfach. Tatsächlich ist das Haus einfach geworden, mit einfachen Materialien wurde es gebaut. Der Luxus sind die Raumgrößen und Proportionen, die immer wieder ungewöhnlichen und außerordentlich schönen Formen.

GRUNDRISS
In ein fünf Meter hohes Rechteck von 11 mal 16 Metern, den Wohnbereich, werden zwei weitere Baukörper als Elternschlaf- und Kinderzimmer gestellt. Ein kubisches Gerippe als Wintergarten und in der Verlängerung als Überdachung der Terrasse schiebt sich durch die Umfriedung nach außen. Hier entsteht eine spannende Mischung aus Wintergarten und Piazza mit südlichem Flair. Es bilden sich viele unterschiedliche Raumhöhen zwischen 9,00 Metern im Treppenhaus und 2,50 Metern am Eingang.

KONSTRUKTION UND MATERIALIEN
Das Haus wurde in Massivbauweise mit Lochziegeln errichtet, der Wintergarten besteht aus einer Stahl-Glas-Konstruktion. Die Fenster und das Schiebeelement im Wintergarten sind mit Alurahmen und Isolierglas ausgeführt.

△ Wie ein Rahmen umschließt die Edelstahlplastik des Bildhauers Kricke den Blick auf das dekonstruktivistische Haus voller Kuben, Geraden und Schrägen.

PROJEKTE **115**

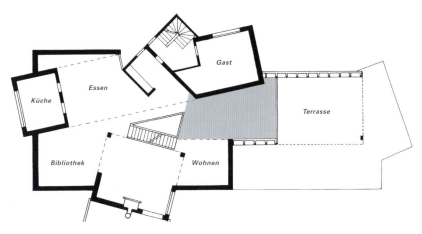

Neubau Wohn-Wintergarten
Grundriss M 1 : 300
Grundfläche: ~ 28 m²
Umbauter Raum: ~150 m³

▽   Der kubische, schräg gestellte Wintergarten mit der stählernen Glasüberdachung der Terrasse verbindet das Haus mit dem Garten. Er ist der Architektur des dekonstruktivistischen Hauses perfekt angepasst.

116 PROJEKTE

▽ Große und hohe Räume und einen wunderbaren Blick in den Garten mit Teich und Baumallee bietet der Wintergarten mit der vorgelagerten, überdachten Terrasse. Der Bodenbelag besteht aus einem preiswerten Material: geschliffener, gewachster Estrich.

PROJEKTE 117

▽ Beim Blick in den Wintergarten mag die Orientierung ein wenig schwer fallen: Was ist senkrecht, was nicht? Auf jeden Fall sorgt dieser ungewöhnlich gestellte Kubus für Spannung im gesamten Gebäude. Links: blau eingefärbte Kuhhaut von Jürgen Drescher.

8
NEUE FORMEN NEBEN ALTEN HÄUSERN
PLANUNG: WAS ARCHITEKTEN, PROF. WALTER A. SCHMIDT, MODAUTAL

Entwurfs- und Planungsphasen sind für beide Seiten, den Architekten wie den Bauherren, anstrengend. Bauherren haben Vorlieben und Wünsche, die es zu berücksichtigen gilt, Architekten haben oft einen anderen Blick für das Projekt und müssen für ihre Ansichten viel Überzeugungskraft einsetzen. Hier konnte erfolgreich überzeugt werden.

KONZEPT UND MATERIALIEN

Die Bauherren wünschten sich als Ersatz für eine marode Scheune innerhalb eines gewachsenen Bauernhofensembles nahe Darmstadt einen Neubau mit viel Holz. Aber daraus wurde nichts. Ihr Architekt machte keinen Hehl daraus, dass er zeitgemäß baut, und das sieht anders aus. Die alte Scheune wurde aber zum formalen Leitmotiv des Neubaues. Das neue Gebäude hat dieselbe Größe wie die Scheune und fügt sich behutsam neben die alten Häuser. Trotz der formalen und farblichen Zurückhaltung werden die Baustoffe wie Holz und Stahl, Beton und Glas, Blech und Ziegelstein kontrastreich gefügt. Ein wesentlicher Aspekt des gestalterischen Konzeptes ist der Glasanbau. Er lockert die 19 Meter lange Fassade der neuen „Scheune" auf. Neben seiner ästhetischen Wirkung als räumliche Verbindung von innen und außen spielt die Nutzung als Wintergarten eine bedeutende Rolle. In den kühleren Jahreszeiten ist er Wärmepuffer, im Hochsommer schützen einfache Verschattungen und Lüftungsklappen vor Überhitzung. Nicht zu übersehen ist, dass sich der Wintergarten positiv auf die Energiebilanz des ganzen Hauses auswirkt.

△ Das gläserne schützende Vordach für den Eingang und den Balkon und der 20 Quadratmeter große Wintergarten beleben die lange Fassade des Hauses.

◁ Der neue Bau in der Größe der ehemaligen Scheune bereichert das Gebäudeensemble des Bauernhofes. Das Dach in roten Ziegeln, die weißen Wände und das Grau der roh belassenen feuerverzinkten Stahlkonstruktion ordnen sich nach kurzer Eingewöhnungszeit in die Architektensprache ein.

PROJEKTE 119

Neubau ökologischer Wintergarten
Grundriss M 1 : 300
Grundfläche: 12 m²
Umbauter Raum: 30 m³

▽ Zu einem beliebten Sitz- und Aussichtsplatz wird der Wintergarten in der Zeit von März bis Oktober. Im Winter kann er bei sonnigem Wetter nur tagsüber genutzt werden.

9
SCHEUNE MIT GLASVORBAU
PLANUNG: WAS ARCHITEKTEN, PROF. WALTER A. SCHMIDT, MODAUTAL

Die Umgebung formt den Menschen, sagt man. Auf die Architektur bezogen: Auch die traditionelle Bauweise von Häusern in der Region kann einen Neubau beeinflussen, wie dieses Beispiel zeigt. Und wenn man sich die „richtigen" Vorbilder zu Hilfe nimmt, lässt sich dadurch deutlich preiswerter bauen als vermutet. Das war in diesem Fall dringend erforderlich. Das Budget der Bauherren war knapp bemessen, als sie das Grundstück im Odenwald erbten. Sie wollten bauen und dabei viel an Eigenleistungen einbringen.

KONZEPT UND MATERIALIEN
Das Grundstück mit der Obstwiese und schönen Ausblicken auf die ländliche Umgebung hat einen eigenen Charme, der nur von dem modernistischen Heimatstil der Nachbarbebauung getrübt wurde. Um das Thema der Feld- und Wiesenstruktur aufzunehmen, schlug der Architekt den Typus einer Feldscheune für den geplanten Neubau vor, wie er außerhalb der Ortschaften überall anzutreffen ist. Scheunen sind in Form und Material einfach strukturierte Baukörper, die bei Bedarf ergänzt werden können. Diese Qualitäten sollte auch dieses Haus vermitteln.

Ein wichtiger Bestandteil des Gebäudekonzeptes ist ein der Südseite vorgelagertes, zweigeschossiges Glashaus, das sowohl in der Übergangszeit als Wärmefalle dient und Energie sparen hilft, als auch ein architektonisch filigraner Übergangsraum zwischen drinnen und draußen ist. Reminiszenzen an Scheunen wurden allerdings sehr behutsam eingesetzt. Das seitlich eingefügte „Scheunentor" ist hier auf der Längsseite des Hauses als Witterungs- und Einbruchschutz dem großformatig verglasten Essbereich vorgeschichtet worden. Auf der Außenhaut, der Hausfassade, dominiert die homogene Holzverschalung, die die kubische Einfachheit des Baukörpers unterstreicht. Einen Kontrast dazu bildet das Glashaus, das aus Edelstahlprofilen vor Ort geschweißt wurde. Die Temperatur unter Glas wird im Winter auf minimal zehn Grad gehalten.

△ Der zweigeschossige Wintergarten mit den schlanken Edelstahlprofilen bietet oben einen wunderbaren Aussichts- und Sonnenplatz und ist besonders beliebt. Überschüssige Wärme wird durch die geöffneten Klappen nach draußen geleitet.

PROJEKTE 121

Neubau ökologischer Wintergarten
Grundriss M 1 : 300
Grundfläche: 9 m²
Umbauter Raum: 46 m³

▽ Von der Giebelseite erinnert der Neubau nur noch entfernt an das Vorbild der Scheunen, wie sie das Bild auf dem Land bestimmen. Dafür sorgt der schlanke zweigeschossige Wintergarten. Der Echte Wein ist in den Startlöchern, um an den Edelstahl-Drahtseilen nach oben zu klettern und dem Glasvorbau und seinen Benutzern in den Sommermonaten Schatten zu spenden.

▽ *Der ökologische Wintergarten, der durch die isolierverglaste Schiebetür zu betreten ist, erweitert den Wohnraum und ist ein idealer Sitzplatz im Frühling und Herbst, im Winter nur an Sonnentagen. Die Temperatur sinkt dann bis auf zehn Grad ab.*

PROJEKTE 123

▽ *Das große Fenster und das Schiebeelement gliedern die Fassade auf der Westseite. Das „Scheunentor" hier vor dem Essplatz kann geschlossen werden, wenn es im Sommer zu heiß wird. Außerdem hilft es, das Haus „diebessicher" zu machen. Der zweigeschossige Wintergarten auf der rechten Südseite dient auch als wichtige Wärmefalle zur Energiegewinnung.*

10
EIN GANZES HAUS UNTER GLAS
PLANUNG: NIEDERWÖHRMEIER+KIEF, FREIE ARCHITEKTEN BDA, NÜRNBERG; PROJEKTBEARBEITER: JÜRGEN SCHMIDT

Wenn ein Grundstück in zweiter Reihe liegt, hat es meist den großen Vorteil, naturverbundener als das der Nachbarn zu sein. Dieses Grundstück springt aus der vorderen Häuserreihe, und zwar vor den traditionellen Rand eines Dorfes im Knoblauchsland bei Nürnberg. Typisch für diese Dörfer sind große Gewächshäuser und weite Gemüsefelder.
Da sich die Baufamilie ein helles, zum Garten und zur Landschaft offenes Wohnen gewünscht hat, entstand die Idee, ein Wohnhaus innerhalb einer gläsernen Hülle zu realisieren. Die Forderungen der Denkmalpflege nach einem filigranen Gewächshaus ohne außen liegenden Sonnenschutz kamen den Vorstellungen der Architekten entgegen. Die Geschosszahl und Dachneigung des Glashauses von mehr als 60 Grad erfüllten die Vorgaben der Baubehörde. Das Massivhaus ist rundum vom Glashaus abgelöst, wodurch für das Kellergeschoss ein umlaufender Tageslichtschlitz entsteht. Durch Aussparungen einiger Räume im Obergeschoss entstehen kleine Balkone mit Wintergartencharakter. Der eigentliche Wintergarten befindet sich in der Dachspitze, wo sonst beim konventionellen Haus nur dunkler Dachboden wäre. Auf der Westseite entstand ein Gästebereich mit eingestelltem Bad, das als eigener Körper konzipiert und mit Glasbausteinen umschlossen ist. Aus den Innenräumen kann man je nach der gewählten Geschossebene den Blick auf die Gemüse- und Spargelfelder des Knoblauchslandes und auch auf das Dorfschloss und die Kirche genießen.

△ *Neben den erlebnisreichen Stimmungen bei wechselndem Wetter und verschiedenen Jahreszeiten besteht im Haus ein stets angenehmes Klima wie in einem konventionell gebauten Haus. Aus dem ersten Geschoss hat man einen schönen Blick ins Knoblauchsland und auf das Schloss.*

KONSTRUKTION
Die Längsseite des Hauses ist nach Süden ausgerichtet. Das eingestellte Haus mit zurückspringenden Stahlbetondecken und -wänden stellt ausreichende Speichermasse dar, um eine mögliche Überhitzung im Sommer zu vermeiden. Im First- und Traufbereich wurden beidseitig auf ganzer Länge Lüftungsklappen vorgesehen, die sich temperaturgesteuert vollautomatisch öffnen und schließen, um überschüssige Wärme wegzulüften. Die innen liegende Verschattung besteht in den Schrägen aus textilem Sonnenschutz, der mit Ösen an Litzen befestigt ist. An den senkrechten Innenwänden wurden Metalllamellen (Alu-Raffjalousien) verwendet. Vor der Realisierung des Projektes wurde eine Computer-Klimasimulation vorgenommen, um Risiken der sommerlichen Überhitzung und winterlichen Unterkühlung auszuschließen. Nach dem ersten Sommer im neuen Haus zieht die Baufamilie eine positive Bilanz. Es bestätigten sich die errechneten Temperaturwerte der Klimasimulation, die vergleichbar sind mit denen eines konventionell gebauten Hauses. Nur nach einer längeren Hitzeperiode wurde es in der Dachspitze sehr warm. Dann entsprach die Raumwärme etwa der Außentemperatur. In der Übergangszeit wird die Fußbodenheizung mit ganz niedriger Temperatur gefahren. Die Sonnenwärme wird ins Haus gelassen und über die Innenfenster in die Obergeschosse verteilt.

PROJEKTE 125

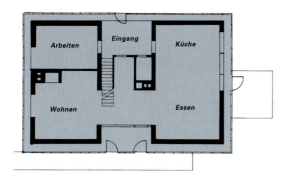

Glashaus als unbeheiztes Kalthaus
Grundriss M 1 : 300
Grundfläche: 193 m²
Umbauter Raum: 1530 m³

▽ Das Glashaus passt sich der vorhandenen Treibhauskultur an. Es wurde in handelsüblicher Gewächshauskonstruktion als Wind- und Regenhülle für die eigentlichen Wohnräume gebaut.

▽ Das Dachgeschoss ist dem Gästebereich vorbehalten, von dem der schönste Blick bis weit ins Knoblauchsland gegeben ist. Das separat liegende Bad mit oval-elliptischem Grundriss ist von Glasbausteinen umschlossen. Schlichte Materialien sind oft die beste Wahl, wie diese Verwendung beweist.

▽ Das gesamte Glashaus ist völlig durchlüftbar. Die Lüftungsflügel öffnen sich temperaturgesteuert, wie hier auf der Ortseite. Die Computer-Klimasimulation hat die Art der Ausführung erheblich beeinflusst. Die Bauherren entschieden sich für die Verwendung von Isolierglas, um die Bildung von Kondensat zu minimieren. Im Rohbau wurden mehr Bauteile in Beton ausgeführt, um die Speichermasse zu erhöhen, Betonpflaster wurde als Bodenbelag der Loggien und im Dachgeschoss verwendet und schließlich wurde der innenliegende Sonnenschutz auf die Dachflächen der Südseite beschränkt.

11
GLAS IN NEUER DIMENSION
PLANUNG: ARCHITEKTEN HINRICHSMEYER + BERTSCH, BÖBLINGEN

An der Nordwestecke ihrer Doppelhaushälfte in Stuttgart wünschten sich die Bauherren einen Wintergarten. Er sollte als Energiefalle dienen und die eingefangene Wärme den Wohnräumen zuführen.

KONSTRUKTION UND MATERIALIEN
Der über zwei Geschosse reichende Glasanbau umschließt den früheren Balkon im Erdgeschoss und die darüber liegende Dachterrasse. Stahlträger und Riegel bilden das Tragwerk, das durch das bestehende Haus ausgesteift wird. Die Fassade ist um vier Grad nach außen geneigt, ebenfalls geneigt sind die Dachflächen, die über eine innen liegende Rinne entwässert werden. An der Westfassade bieten Fallarm-Markisen Sonnenschutz.

Zur Konstruktion schreibt R. Danz: „Eine Besonderheit der konstruktiven und statischen Ausführung stellt die Punktstützung der Isolierglasscheiben im Dach- und Wandbereich dar. Bei den Wänden wird das Eigengewicht direkt abgetragen, die Punktstützung dient hier zur Aufnahme der Wind- und Holmlasten aus dem Geländer. Beim Dach liegen die punktgestützten Isolierglasscheiben (Raster etwa 80 x 80 cm) mittels Rodan-Glasklemmhaltern auf unterspannten T-Profilen. Diese Profile sind auf einem Stahlrohr als Längsträger abgestützt. Zu beachten ist der große Glasüberstand der äußeren Scheibe des Isolierglases im Dach. Er ist Regenschutz und Verschattung für die Wandverglasung."

KLIMA
In Verbindung mit der Fußbodenheizung war eine zusätzliche Heizquelle zur Abschirmung der kalten Glasoberfläche erforderlich. Dazu wurden zwei Rippenrohr-Heizkörper aus Edelstahl horizontal auf schlanken Blechkonsolen im Abstand von etwa 15 Zentimetern frei auf den Boden gestellt. Um den exponierten Eckbereich im Erdgeschoss bei etwa vier Metern Höhe ausreichend abschirmen und Kondensatbildung vermeiden zu können, wurde die Ecktragstütze als Heizrohr ausgebildet. Dazu wurde in das stabile Tragrohr ein Umlenkblech eingeschweißt, um zwischen Vor- und Rücklauf einen Kurzschluss zu vermeiden. Im Obergeschoss wurde als gestalterisches Element neben der vorhandenen

△ Konsequent moderne Architektur, die für den zweigeschossigen lichtdurchfluteten Anbau an Stelle des früheren Balkons und der Dachterrasse eingesetzt wurde.

PROJEKTE 129

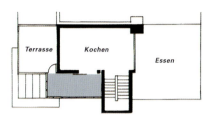

Anbau als Wohn-Wintergarten
Grundriss Obergeschoss M 1 : 300
Grundfläche: 8 m²
Umbauter Raum: 20 m³

▽ *Der Wintergarten bietet Wohnraumerweiterung, verbunden mit dem Gewinn solarer Energie für das ganze Haus, und dazu einen schönen Ausblick ins Tal.*

130 PROJEKTE

▽ Der Glasanbau auf der Terrasse im Obergeschoss mit dem Glasdach, das mit einem Punktraster bedruckt ist. Links Holzlamellen für die Beschattung und der schwarze Heizkörper im ungewöhnlichen Rasterrohrsystem.

▽ Ein interessantes Formenspiel mit Ausblick: Die um vier Grad nach außen geneigte Glasfassade, die vorkragenden Scheiben, die Verschattungsanlage, die bedruckten Dachscheiben am Boden. Detail der Verglasung siehe Seite 56.

Fußbodenheizung ein schwarzer Heizkörper mit quadratischen Öffnungen im Rasterrohrsystem vor der weißen Wand installiert. Kalte Tage und die Übergangszeit im Frühling und Herbst sind dadurch bei behaglicher Wärme bestens zu überstehen. Die Belüftung des Wintergartens erfolgt durch motorisch betätigte Lamellenfenster, die jeweils im unteren und oberen Teil zweier gegenüber liegender Glaselemente eingebaut sind. Damit ist eine optimale Durchlüftung auch bei längerer Sonneneinstrahlung im Hochsommer gewährleistet. Das eingesetzte Sonnenschutzglas, der vertikale Sonnenschutz durch automatisch arbeitende Jalousien sowie das bedruckte Glas im Flachdach ermöglichen selbst bei heißem Wetter ein moderates Innenklima. Eine zusätzliche Be- und Entlüftung bis zu einer Teilklimatisierung ist durch den Einbau einer Luft-Luft-Wärmepumpe und einer Anlage mit Kreuzstrom-Wärmetauscher möglich. Die Lüftungszuführung erfolgt waagerecht in etwa drei Metern Höhe über ein konstruktives Rohr (Ø 150 mm) mit 20 Millimeter starken Bohrungen zur feineren Verteilung. Die Luft wird am höchsten Punkt abgesaugt und auf direktem Wege dem Lüftungsgerät zugeführt. Die Erfahrungen haben jedoch gezeigt, dass dank der großen Höhe des Wintergartens und der guten Luftzirkulation eine Teilklimatisierung bislang nicht erforderlich ist.

▽ *Nach Fertigstellung des recht kleinen, aber feinen Anbaus zeigt sich der Kontrast zwischen konventioneller und zeitgemäßer Bauweise sehr anschaulich. Der Raum wird von Licht durchdrungen, die Raumgrenzen werden reduziert.*

12
GLASPAVILLON ALS ESS-SALON
PLANUNG UND REALISIERUNG: MARSTON & LANGINGER, LONDON

Wenn der Wohnraum erweitert, das Haus um einen lichtdurchfluteten Raum ergänzt werden soll, stellt sich schnell die Frage, wo der beste Platz für den Wintergarten ist, und wie man ihn an das vorhandene Gebäude anpasst, unabhängig von der Architursprache des geplanten Anbaus. Für dieses Münchner Stadthaus wurde außerdem eine Wintergartenlösung gesucht, die es möglich machen würde, den Platz auf der Terrasse im Sommer auch bei kühler Witterung häufiger nutzen zu können.

KONZEPT
Der Wintergarten wurde zwar an das Haus gebaut, aber von seiner Architektur her als eigenständiges Gebäude betrachtet. So ist man frei davon, vorhandene Architekturelemente wie Dachschrägen oder Raumproportionen berücksichtigen zu müssen. Der Wintergarten wurde wie ein Pavillon vor beziehungsweise hinter das Haus gestellt. Da die Bauherren anglophil sind, sollte alles möglichst traditionell sein und „very british" wirken. Klassische Pilaster, die Dachbekrönungen und die Firstobjekte in geschnitzter Ananasform gehören zu dieser Ausstattung.

KONSTRUKTION UND MATERIALIEN
Der Wintergarten in der Größe von etwa 4,00 x 3,20 Metern erhielt einen Zugang vom Wohnraum, wurde an den Balkon gebaut und als rechteckiges Gebäude vor die rückwärtige Hausflucht gerückt. Für den Glasanbau mit dem schlichten Walmdach wurde Hartholz (Mahagoni) verwendet und mit Mattglanzlack gestrichen. Eine Querverstrebung sorgt für Stabilität. Bei den profilierten Fenstern handelt es sich um echte Sprossen (nicht aufgesetzte), in die die Isolier-Verbundglasscheiben einzeln eingesetzt wurden. Die Be- und Entlüftung erfolgen über zwei Dachfensterflügel, die elektrisch gesteuert werden, die seitlichen Fensterflügel und Türen nach draußen und in den Wohnraum. Obgleich der Wintergarten nach Süden ausgerichtet ist, konnte auf Sonnenblenden als Zusatz verzichtet werden, da Bäume mit hohen Kronen für lichten Schatten sorgen. Unterflurkonvektoren, die an die Zentralheizung des Hauses angeschlossen sind, gewähren ein ausgewogenes Wohnklima.

△ Der Blick vom Haus in den Wintergarten zeigt seine schönen Proportionen. Der Boden ist mit Marmor belegt, der von gusseisernen Abdeckgittern der Konvektorheizung in schlichtem Rautenmuster unterbrochen wird. Im Dach sind die Fensterklappen zu erkennen, die sich temperaturabhängig öffnen und schließen. Die Baumkronen sorgen für leichten Schatten.

ULRIKE MYRZIK, MÜNCHEN

PROJEKTE **133**

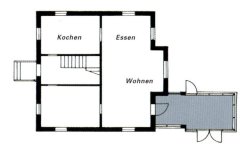

Anbau Wohn-Wintergarten
Grundriss M 1 : 300
Grundfläche: 16 m²
Umbauter Raum: 47 m³

▽ Das Haus wurde um einen schönen Gartenraum erweitert, der sich harmonisch an den Balkon fügt und die Terrasse zur Hälfte abdeckt. Die andere Hälfte bleibt als Sitzplatz im Freien erhalten. Der Wintergarten hat verschiedene Funktionen, ist Essplatz, festlicher Salon und Treffpunkt für gemütliche Plauderstunden.

13
WOHNEN UND ARBEITEN UNTER GLAS
PLANUNG UND REALISIERUNG: MARSTON & LANGINGER, LONDON

Als die neuen Besitzer das Haus in der Nähe von Düsseldorf übernommen hatten, wurde es innen und außen erst einmal gründlich aufpoliert. Aber es sollte noch erweitert werden. Man stellte sich einen modernen Wintergarten aus Aluminium und viel Glas vor. Die ersten Planungen hatten bereits begonnen. Auf einer Reise besuchten die Bauherren eher zufällig den Showroom von Marston & Langinger. Von dem Aussehen, der Verarbeitung und Ausstattung der englischen Wintergärten („conservatories") waren sie spontan begeistert. An Stelle eines Alu-Wintergartens wurde nun ein Holz-Wintergarten geplant und schließlich auch gebaut.

KONZEPT
Die Wünsche der Bauherren waren ungewöhnlich. Sie wollten einen Wintergarten mit mehreren voneinander getrennten Bereichen: einen Wohn- und Essraum in unmittelbarer Verbindung zur Küche, einen zentralen Büroraum, einen Arbeitsplatz für die Sekretärin und eine Gästetoilette. Für dieses Vorhaben musste der Wintergarten groß sein. Die Wohn- und Arbeitsbereiche wurden untereinander mit Glaselementen getrennt, um sichtbaren Kontakt und die Großzügigkeit zu erhalten. Die Fenster erhielten dasselbe Format wie die vorhandenen Fenster in den Gauben des Wohnhauses, um ein einheitliches Bild zu schaffen.

KONSTRUKTION UND MATERIALIEN
Der Wintergarten in der Größe von etwa 13,00 x 5,20 Metern lehnt sich an die nach Süden orientierte Längsseite des Hauses und nimmt sie fast vollständig ein. Als Dachform wurde ein Walmdach gewählt, das in einem harmonischen Verhältnis zum Satteldach des Wohnhauses steht. Der Wintergarten wurde aus Hartholz (Mahagoni) mit verzinkten Stahlbauteilen gebaut, zur Stabilität sind Verstrebungen eingezogen worden. Für die Fenster und das Dach wurde Isolierglas (k-Wert 1,3) eingesetzt. Zur Be- und Entlüftung stehen Fensterflügel und große Türen zur Verfügung. Wegen der freien Lage ist das gesamte Dach mit speziellen Jalousien ausgelegt, die das Sonnenlicht angenehm filtern. Unter dem Terrakottaboden wurde eine Fußbodenheizung verlegt, die den ganzjährigen Wohnkomfort erhöht.

△ Um dem Wintergarten mit dem großen Tisch eine besonders wohnliche Atmosphäre zu verleihen, wurde ein Kamin in die verklinkerte Rückwand eingebaut. Die Doppeltür führt in die Küche.

▽ Der etwa 67 Quadratmeter große Wintergarten ist eine Bereicherung für das Haus. Die dunkelgrünen Fenstersprossen sind im Dach mit beschichteten Aluleisten abgedeckt. Das macht sie wartungsfrei. Vorne links: alle drei Türelemente können zum Garten hin (z. B. bei Gartenfesten) geöffnet werden.

PROJEKTE **135**

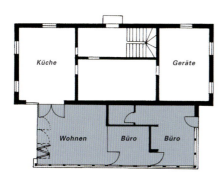

Anbau Wohn-Wintergarten
Grundriss M 1 : 300
Grundfläche: 67 m²
Umbauter Raum: 182 m³

▽   Der Blick in den Wohngarten mit der Anrichte und dem langen Tisch, an dem acht Personen bequem Platz nehmen können. Naturfarbene Jalousien aus einem haltbaren Gewebe von Kieferstäben und speziell behandelter Baumwolle filtern das Sonnenlicht sehr angenehm um etwa 70 Prozent. Hinter der Anrichte liegt der gewünschte Büroraum (sichtbar hinter der Fensterabtrennung) mit einer Verbindungstür.

14
GLASTRAKT ZWISCHEN BAUERNHÄUSERN
PLANUNGSIDEE: ANKE KUHBIER

Die ehemalige Waschküche mit einem begehbaren Dach war ein Verbindungsbau zwischen dem reetgedeckten Hallenständerbau und dem Altenteilerhaus aus den 60er-Jahren. Als das Anwesen gründlich renoviert werden sollte, wurde auch die Waschküche in Frage gestellt, denn es wurde dringend ein Überwinterungsraum für Kübelpflanzen benötigt. Nach den Angaben der Besitzerin erneuerten Handwerker die Wände mit alten Ziegelsteinen, setzten alte Stall- und Sprossenfenster ein. Die Fassaden wurden dem historischen Gebäude angepasst und fügen sich nun harmonisch in das Ensemble. Der Schmied fertigte Stahlprofile, Stützen und Sprossen für das gläserne Zeltdach und die offene Gartenfassade. Als das etwa 33 Quadratmeter große Gartenzimmer fertig war, stellte die Hausherrin fest, dass dieser lichtdurchflutete Raum viel zu schade ist, um nur als Pflanzenhaus zu dienen. Deshalb ist er heute eher Wohn-Wintergarten als Gewächshaus für frostempfindliche Pflanzen.

KONSTRUKTION

Der Wintergarten öffnet sich nach Osten wie nach Westen. Die Betondecke beziehungsweise die Holzbalkendecke der Waschküche wurde abgetragen und durch eine schlanke Stahl-Glas-Konstruktion in Walmdachform mit einer Höhe von einem Meter über der Außenwand ersetzt. Die Fenster und die Doppeltür sind ebenso wie das Dach in thermisch getrennter Stahlkonstruktion mit Isolierverglasung ausgestattet. Der Wintergarten wird aus drei unterschiedlichen Hohlprofil-Querschnitten hergestellt. Da der große Gartenraum direkt neben dem reetgedeckten Bauernhaus entstand, wurde von der Baubehörde verlangt, dass Brandschutzglas verwendet wird.

MATERIALIEN

Die vier Stützen haben einen quadratischen Querschnitt von 80 x 80 Millimetern, die umlaufenden Träger haben Abmessungen von 120 x 80 Millimetern. Die Dachkonstruktion besteht aus Rechteck-Hohlprofilen der Stärke 120 x 80 Millimeter. Unter den Steingutfliesen mit einer blau-grauen Schieferoptik wurde eine Fußbodenheizung eingebaut, die den Raum mindestens zehn Grad warm hält. Dachfenster und seitliche Klappen sorgen für eine gute Querlüftung.

△ Die Straßenseite. Die ehemalige Waschküche fügt sich nach dem Umbau in einen Wintergarten wie selbstverständlich in das Ensemble der beiden Häuser ein, den alten reetgedeckten Ständerbau und das Haus aus den 60er-Jahren.

▽ Zur Gartenseite öffnet sich der Wintergarten durch eine große Glasfassade. Von hier aus ist das schöne zeltförmige Dach gut zu erkennen, das auf verstärkten Mauern der beiden seitlichen Häuser und auf Stahlstützen aufliegt. Das Glashaus ist durch eine zentrale, 1,17 Meter breite Doppeltür zu betreten.

PROJEKTE **137**

Umbau Wohn-Wintergarten
Grundriss M 1 : 300
Grundfläche: 35 m²
Umbauter Raum: 95 m³

▽ Wohnraum, Ess- und Weihnachtszimmer. Der Wintergarten ist bei vielen Gelegenheiten ein beliebter Raum. Die alte Holztür führt in das Bauernhaus. Sie stammt vom Hof und wurde für diesen Zweck überarbeitet und eingepasst. An den Seiten sind die beiden Stahlstützen zu erkennen. Handgenähte Leinensegel, die auf Stahlseilen zu bewegen sind, dienen der Beschattung und sind auch ein wirkungsvoller Schallschutz: sie verbessern die Akustik in dem gläsernen Raum.

15
EINE GELUNGENE VERBINDUNG
PLANUNG: KLEMENS KÖHLER, ARCHITEKT BDA, MÜNSTER

Das geplante Einfamilienhaus auf einem Eckgrundstück sollte den wechselnden Bedürfnissen der Familie im Alltag gerecht werden, aber auch der sich verändernden Familiensituation, wenn die Kinder aus dem Haus gehen, die Eltern alleine leben oder die Großeltern aufgenommen werden. Mögliche Varianten gibt`s genug.

KONZEPT
Das Haus wurde so gebaut, dass der Wintergarten auf der Nordseite liegt. So können keine Probleme wegen Überhitzung entstehen. Die beiden Hausflügel sind durch ein Doppel-Glashaus mit Pyramidendach verbunden. Das kleinere dient als Eingangsbereich, das größere als Wohn-Wintergarten. Durch Schiebetüren gelangt man auf den Terrassensitzplatz und in den Garten.

KONSTRUKTION UND MATERIALIEN
Der Wintergarten wurde in einem thermisch getrennten Alu-Verbundsystem (Schüco) ausgeführt. Die Falttür zum Haus ist isolierverglast, die Scheiben sind mit Wärmeschutzglas ausgestattet. In der Dachspitze (mit der Haube) liegt eine Permanent-Entlüftung. Bei mehr als 40 Grad Innentemperatur wird motorisch entlüftet. Unter den polierten Granitplatten sind eine Fußbodenheizung und vor den Außenwänden Estrich-Konvektoren eingebaut, die für dauerhafte Wärme sorgen.

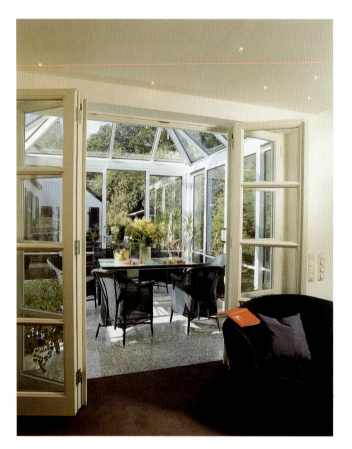

△ Der Wintergarten ist von mehreren Seiten zu betreten: vom Eingangsflur, vom Essraum oder – wie hier zu sehen – vom Wohnraum. Die Falttür mit Isolierglas kann geschlossen werden.

PROJEKTE **139**

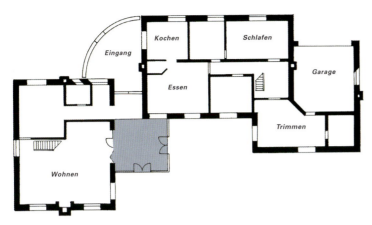

Neubau Wohn-Wintergarten
Grundriss M 1 : 300
Grundfläche: 17 m²
Umbauter Raum: 60 m³

▽ *Ein Anbau, der keiner ist. Das Glashaus auf der Nordseite gehört zum Konzept des Neubaus. Er verbindet den Ost- und Westflügel des Hauses.*

16
SOMMER-SONNENHAUS
PLANUNG: ANDREAS REIDEMEISTER, JOACHIM W. GLÄSSEL, ARCHITEKTEN BDA, BERLIN

In der weiträumigen Aue im Umland von Berlin liegen die stattlichen Höfe ehemaliger Großbauern. Auf der nach Westen führenden Dorfstraße befinden sich Kleinbauernhöfe in einheitlicher Form: zurückgesetztes Wohnhaus mit Vorgarten, dahinter die Höfe. Den Anschluss bilden Scheunen – als quer liegende Gebäude eine durchgehende Begrenzung des Dorfes nach außen. Dahinter liegt meist der Nutzgarten.

KONZEPT
Die Scheune solch eines Kleinbauernhofes wurde zum Wohnhaus und als Freilicht-Atelier (für das Malhobby der Bauherrin) ausgebaut, auf der Südseite ein fast 50 Quadratmeter großer Wintergarten als Sommerhaus gebaut. Durch die Umwandlung des Ziegelbaues mit seinen Ornamenten wurde mit der elegant rund geformten Stahl-Glas-Konstruktion des Sommerhauses ein haptischer Kontrast gefunden.

KONSTRUKTION UND MATERIALIEN
Bei dem Wintergarten handelt es sich um eine Rohrkonstruktion auf einem Ringfundament (inzwischen als Serienprodukt weiterentwickelt). Die Eindeckung wurde aus kleinformatigen Glasscheiben auf Gummiprofilen so geschuppt aneinander gelegt, dass die gesamte Außenhaut des Wintergartens einen Viertelkreis bildet. Es ist die Art, die an Gewächshäuser in Italien und Frankreich erinnert. Sie wirken freundlich und haben nicht den Anspruch eines Wohn-Wintergartens. Eine breite Schiebetür, gegenüber vom Scheunendurchgang, öffnet sich zum Garten. Sie sorgt für einen klaren Blick nach draußen und für eine gute Entlüftung. Die Stoffjalousien sind unerlässlich: sie werden an Litzen heruntergelassen und schaffen ein mildes Licht. Gerade richtig zum Wohlfühlen – auch für die Mittelmeerflora, die hier ausgezeichnet gedeiht. Mandarinenbäumchen, Oleander oder Salbei lieben die Sommerwärme und die Kühle im Winter.

△ Eine Stimmung wie im Süden. Unter diesem Glas fühlen sich Menschen und Pflanzen wohl, auch wenn es im Sommer ziemlich heiß werden kann. Eine Notheizung sorgt dafür, dass die Pflanzen im Winter nicht erfrieren.

PROJEKTE **141**

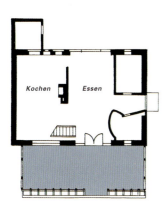

Anbau ökologischer Wintergarten
Grundriss M 1 : 300
Grundfläche: 40 m²
Umbauter Raum: 130 m³

▽ Der Blick zeigt, wie schön sich das Sommer-Sonnenhaus im Viertelkreis an die einst baufällige Scheune schmiegt, die Stein für Stein wieder aufgebaut und mit Stahlstützen ausgesteift wurde.

17
REIHENHAUS MIT GLASRAUM
PLANUNG: ARCHITEKT HELMUT HESSE, BREMEN

Das Reihenhaus gehört zu einer Siedlung, die im Jahre 1938/1939 entstanden ist. Schon bei der ersten Renovierung vor 20 Jahren hatten die neuen Besitzer das Haus zur Gartenseite hin gründlich verändert. Sie durchbrachen die Außenwand und setzten eine Flügeltür ein. Es dauerte dann nochmals einige Jahre, bis sie ihren Traum von einem Wintergarten verwirklichten. Mit einer Größe von 3,50 x 3,00 Metern ist er vergleichsweise klein, aber er verleiht dem Haus eine erkennbar höhere Qualität. Dank der hohen Dachlinie, die in ein Vordach übergeht, und der beiden abgeflachten Dachseiten wirkt der Glasanbau deutlich größer und großzügiger als ein schräges Pultdach. Eine elegante Spindeltreppe überbrückt den Höhenunterschied von etwa 1,40 Metern in den Garten und führt auf den Sitzplatz.

KONSTRUKTION
Der Anbau aus einer Leimholz-Glas-Konstruktion ist auf Beton-Einzelfundamenten gegründet worden. Auf zusätzliche Lüftungsklappen wurde verzichtet. Es wird über die beiden Flügeltüren nach außen oder ins Haus entlüftet. Beheizt wird über Wandkonvektoren, die an die Heizungsanlage im Haus angeschlossen wurden. Die Lage nach Norden erübrigte auch eine weitere Beschattung.

MATERIALIEN
Isolierverglasung (12 mm): Kristallspiegelglas; Dach: Verbundsicherheitsglas; Seiten: Wandfüllungen zur Nachbarterrasse mit Drahtspiegelglas in drei Feldern als vorbeugender Brandschutz, aber auch als Sichtschutz. Der Bodenbelag besteht aus Parkettbelag.

△ *Der elegante, symmetrisch angelegte Wintergarten wirkt einladend und freundlich und bringt Abwechslung in die Reihenhausanlage. Die abgeschrägte Dachform und das vorkragende Vordach geben dem Anbau eine individuelle Note. Die Spindeltreppe (feuerverzinkt) schafft einen guten Übergang auf die etwa 1,40 Meter tiefer liegende Gartenebene.*

PROJEKTE **143**

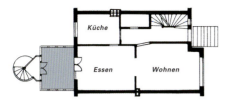

Anbau Wohn-Wintergarten
Grundriss M 1: 300
Grundfläche: 9 m²
Umbauter Raum: 24 m³

▽   Vielzweckraum Wintergarten. Er erweitert das Reihenhaus um einen schönen, hellen Raum. Die beiden attraktiven blauen Säulen (es handelt sich um PVC-Kanalrohre) sind eine Notwendigkeit: sie verbergen die tragenden Pfosten. Rechts sind die matten Drahtglasscheiben für Brand- und Sichtschutz zu erkennen.

18
EIN WINTERGARTEN WIE FRÜHER
PLANUNG: INNENARCHITEKTIN G. SCHINDLER-ZIMMERMANN,
ARCHITEKT K.-D. ZIMMERMANN, HAMBURG

Es genügt längst nicht immer, bei der Baubehörde die Genehmigung zu beantragen, wenn man sich einen Wintergarten an sein Haus bauen möchte. Besitzer von Reihenhäusern und Eigentumswohnungen wissen, dass alle Nachbarn und Eigentümer ihr Einverständnis zu jeder gewünschten Veränderung geben müssen. In diesem Fall galt es außerdem, den Milieuschutz zu wahren, unter den die Hamburger Siedlung aus den 30er-Jahren gestellt worden war. Jede Veränderung an den Häusern (92 Quadratmeter Wohnfläche auf drei Geschossen) muss ganz behutsam vorgenommen werden. Nach erfolgter Zustimmung der Nachbarn und langer, partnerschaftlicher Zusammenarbeit mit den Behörden gelang der zwölf Quadratmeter große Anbau, der sich symmetrisch und unauffällig vor die Rückseite des Hauses schmiegt. T-Profile aus Stahl wurden gewählt, weil sie besonders schlank sind. Vor dem Wintergarten liegt ein halb rundes Podest, von dem eine symmetrisch angelegte Treppe mit sechs Stufen in den Garten führt. Auf eine Beschattung konnte wegen der vorhandenen hohen Eichenbäume verzichtet werden. Ein Nachteil: Das Glas wird durch die Bäume während des Sommers stark verschmutzt und muss deshalb öfter, als es den Bewohnern lieb ist, gereinigt werden.

KONSTRUKTION
Der Wintergarten ist in der gleichen Bauweise wie die früheren „echten" Wintergärten gebaut worden. Es wurden T-Profile (50 x 50 mm) aus Stahl verwendet, deren Stege nach innen sichtbar eingebaut wurden. Die Isolierglasscheiben wurden von außen auf einen Hartgummiklotz geschraubt. Dadurch wird eine Wärmebrücke nach außen verhindert. Als Abdeckung wurde eine Klemmleiste aus Alu verwendet. Entlüftet wird durch zwei Klappfenster im Dach, die mit Hilfe einer Kurbel von Hand bedient werden, sowie durch die Doppeltüren nach draußen und zum angrenzenden Wohnraum. Der Anbau wird durch zwei schlanke Plattenheizkörper beheizt, die eigentlich ausreichend wären. Zusätzlich sorgt die elektrische Fußbodenheizung für mehr Wohnkomfort.

△ Das schlichte dreigeschossige Siedlungshaus erhält durch den Anbau des Wintergartens deutlich mehr Wohnqualität.

PROJEKTE 145

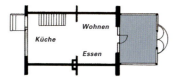

Anbau als Wohn-Wintergarten
Grundriss M 1 : 300
Wohnfläche: 12 m²
Umbauter Raum: 32 m³

▽   Über sieben bequeme, feuerverzinkte Metallstufen mit einem schlichten Geländer geht es vom Wintergarten über das halb runde Podest in den gut 100 Quadratmeter großen Garten.

19
ZEITGEMÄSS WOHNEN IN EINEM ALTEN SIEDLUNGSHAUS
PLANUNG: PROF. SAMPO WIDMANN, MÜNCHEN

Seine Entstehungszeit ist dem Siedlungshaus in einem Münchner Vorort nach seinem Umbau nicht mehr anzusehen. Im Jahre 1928 wurde es als Einfamilienhaus erbaut. Im Laufe der Zeit, vor allem in den 50er-Jahren wurde es durch verschiedene Erweiterungen und Veränderungen geradezu entstellt und im Endeffekt ästhetisch immer weniger ansprechend. Zwei Familien haben sich des Projekts angenommen und wollten es zu einem zeitgemäßen Zweifamilienhaus umbauen. Größtenteils in Eigenleistung wurde der Dachstuhl bis zur Oberkante Erdgeschoss abgerissen (und das Erdgeschoss blieb während des Umbaus ständig bewohnt!). Auf diesen Rumpf setzte der Architekt eine Holzrahmenkonstruktion, die mit Ziegeln ausgemauert wurde. Durch die Aufstockung erhielt das Haus eine vollwertige Etage und ein ausgebautes Dachgeschoss. Eine Außentreppe erschließt die Wohnung über die beiden neuen Ebenen. Raumhohe Fenster und der vorkragende Wintergarten tauchen die Räume in helles Licht und verleihen der Architektur einen zeitgemäßen, schnörkellosen Stil.

KONSTRUKTION UND MATERIALIEN
Der Wintergarten hat eine filigrane, optisch leichte Holzkonstruktion erhalten. Nur die Öffnungsflügel sind aus Stahl gefertigt. Um große Wärme ableiten zu können, sind zwei Lüftungsklappen in der schrägen Dachverglasung und Zuluftfenster unten in der Fassade vorgesehen. Der Anbau wird nicht beheizt, sondern im Winter (durch Öffnen der Innentür) gerade oberhalb der Frostgrenze gehalten. Ursprünglich sollten die Gläser auch außen mit Holzleisten geklemmt werden. Dieses Vorhaben wurde aufgegeben, weil der Wintergarten im ersten Stock liegt und die Wartung (Anstrich) nur mit Mühe durchzuführen wäre.

△ Echte Akazien (Mimosen) und Feigen finden in dem kleinen gläsernen Anbau ein ideales Klima vor. Wird es zu heiß, kann über die Lüftungsklappen und die Innentür quer gelüftet werden.

ERFAHRUNGEN
Es hat sich gezeigt, dass im Wintergarten trotz einer Isolierverglasung wegen der zahlreichen Pflanzen eine enorme Luftfeuchtigkeit entsteht, sodass sich auf der Innenseite der Scheiben Wasser bildet. Mit Hilfe von Rinnen, die in die Querprofile gefräst wurden, wird das Schwitzwasser aufgefangen. Erstaunlicherweise entsteht an den thermisch nicht getrennten Öffnungsflügeln aus Stahl kein Schwitzwasser.

PROJEKTE **147**

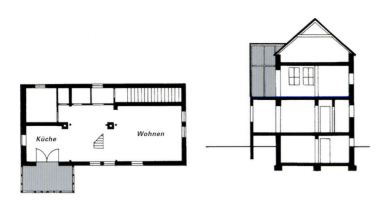

Anbau ökologischer Wintergarten
Grundriss und Schnitt M 1 : 300
Wohnfläche: 9 m²
Umbauter Raum: 30 m³

▽ Als wär's ein Neubau: Das ehemalige Siedlungshaus hat eine neue Architektursprache erhalten und wirkt mit dem Zinkdach, der runden Fensteröffnung und dem grauen Wintergarten zeitgemäß.

20
EIN HAUS, VIELE KLIMAZONEN
PLANUNG: ARCHITEKT WALTER GANS, LOG ID/PROF. DIETER SCHEMPP, TÜBINGEN

Entsprechend der Hanglage des Grundstücks wurden der Eingang, die Nebenräume und der Keller nach Norden zur Straßenseite orientiert, die großflächig verglaste Südseite des Hauses mit dem Glashaus wurde auf die Sonnenseite verlegt. Die strengen Vorgaben des Bebauungsplanes und die gewünschte hohe Ausnutzung des Grundstücks machten ein ausgebautes Dachgeschoss erforderlich. Ein um das gesamte Gebäude laufendes Fensterband im Dachgeschoss gibt den Blick frei auf die Silhouette der Schwäbischen Alb. Den beiden anderen Vollgeschossen ist das 40 Quadratmeter große Glashaus vorgelagert. Es war zunächst größer geplant, doch die Bauherren wünschten sich je einen Außensitzplatz als Balkon im Erdgeschoss und auf der Höhe des Untergeschosses. Diese wurden – von der Gartenseite aus betrachtet – auf der linken Seite des Glashauses vorgesehen. Auf den verschiedenen Wohnebenen – verbunden durch eine Wendeltreppe – verschmelzen die Innenräume von Glashaus und dem massiven Kernhaus zu einem abwechslungsreichen Erlebnis. Das Kernhaus kann bei sonnigem Wetter um die Nutzflächen des Glashauses erweitert werden, indem die Falttüren geöffnet werden.

KONSTRUKTION UND MATERIALIEN
Das Glashaus, das ursprünglich die ganze Südseite abdecken sollte, wurde auf Wunsch der Bauherren deutlich verkleinert. Es blieb ein trapezförmiges Glashaus mit einer Länge von neun Metern als feuerverzinkte Glaskonstruktion mit Wärmeschutzverglasung. Die automatisch arbeitenden Lüftungsklappen wurden im Sockel (für die Zuluft) und am First (für die Abluft) vorgesehen. Die ausgewogene Klimatisierung des Glashauses wird durch die großflächige Bepflanzung unterstützt. Im Winter wird die Gasheizung angestellt, um die Mindesttemperatur von etwa acht Grad zu halten.

△ Das zweigeschossige Glashaus mit einem trapezförmigen Grundriss ist vor die Südseite des Hauses gebaut worden. Dahinter ist Platz für den Balkon. Im Dachgeschoss ist das Fensterband zu erkennen, auf der rechten Seite wurde eine Doppelgarage angebaut.

BEPFLANZUNG
Das Glashaus, das als beheiztes Kalthaus konzipiert wurde, bietet unterschiedliche Klimazonen. Im unteren Geschoss mit der Gartenanbindung ist es besonders kühl, weil die kalte Luft stets nach unten sinkt. Der dichte Dschungel der Grünpflanzen filtert das Sonnenlicht. Das ist angenehm im Sommer. Wird die Luft erwärmt, steigt sie nach oben in das Erdgeschoss mit dem angrenzenden Essraum. Es wurde subtropische Flora gewählt, die in dem Glashaus den gewünschten und notwendigen Klimawechsel vorfindet. Echte Akazie (als Mimose bekannt), Australische Silbereiche, Eukalyptus, Feige, Oleander (auch wenn er für Schädlinge anfällig ist) und die Passionsblume gehören zum Sortiment.

PROJEKTE **149**

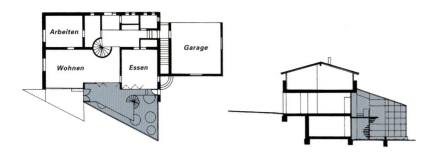

Neubau mit ökologischem Wintergarten
Grundriss und Schnitt M 1 : 400
Grundfläche: 33 m²
Umbauter Raum: ~190 m³

▽ Über Stufen aus Glas geht man vom Wintergarten in den Essraum. Die Pflanzen wie Silbereiche und Kreuzrebe verbinden ganz naturnah Wohnräume und Wintergarten. Wird es im Winterhalbjahr zu kühl, wird die Falttür (hinten) ganz oder teilweise geschlossen.

21
HIGHTECH AUS METALL UND GLAS
PLANUNG: BAMBEK + BAMBEK, ARCHITEKTEN, STUTTGART

Es gehörte schon jede Menge visionäre Kraft dazu, um das 1 000 Quadratmeter große, als unbebaubar geltende Grundstück in einem ehemaligen Steinbruch bei Stuttgart zu einem Kleinod werden zu lassen, das obendrein preiswert ist. Vier Baugesuche und vier Jahre Wartezeit waren erforderlich, bis die Behörden dem Pilotprojekt ihre Zustimmung gaben.

ENTWURF
Das Haus hat vier Ebenen. Im Erdgeschoss auf der Ebene von Hof und Wassergarten liegt das Büro, darüber befinden sich die Wohnräume. Eine Brücke über das Wasserbecken verbindet den Wintergarten mit dem ehemaligen Weinberg. Dem verglasten Essraum ist ein Balkon vorgelagert. Mit einem Sonnensegel lassen sich Freisitz und Glasflächen nach Bedarf verschatten. Die außen liegende, durch einen Glaszylinder geschützte Spindeltreppe führt ins zweite Obergeschoss zu den Schlafräumen. Von hier gibt es einen Zugang in den oberen Teil des Glashauses, ein auskragender Steg führt ins Freie. Die Spindeltreppe führt weiter ins Dachgeschoss mit einer kleinen Gästewohnung.

GRÜNHAUS
Die optisch zurückhaltende Stahlkonstruktion des Wintergartens, das Glas, die Folienbespannung und die teilweise verspiegelten Wände vermitteln eine transparente Raumatmosphäre, die den Lebensraum fast nahtlos mit der Außenwelt verbindet. In dem Pflanzenhaus, das mit einer dünnen Hostaflon-ET-Folie bespannt ist, findet die eigentliche Wärmegewinnung statt. Die einfallende Sonne beheizt eine schwarze Kunststoff-Folie an der Hausfassade auf bis zu 120 Grad. Dabei sorgt die Steuer-Elektronik dafür, dass je nach den Bedürfnissen Wärme ins Haus oder an die Speichermasse geleitet wird. Stellmotoren regeln die Bedienung der Luftklappen, Speichermodule und Lüftergebläse.

KONSTRUKTION UND MATERIALIEN
Das avantgardistische Äußere des Hauses beruht auf dem Einsatz von Metall-Sandwichplatten mit Alu-Klemmprofilen für die Fassaden. Im Hausinneren werden verzinkte Stahlblechkassetten sichtbar, die Böden bestehen zum Teil aus geriffelten Alu-Stegplatten.

△ *Auf der unteren Ebene des Wintergartens führt der Weg vorbei an mediterraner Flora wie Engelstrompete und Oleander über das Wasserbecken nach draußen.*

PROJEKTE 151

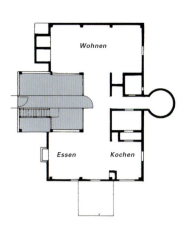
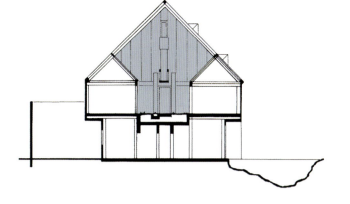

Neubau ökologischer Wintergarten
Grundriss und Schnitt M 1 : 300
Grundfläche: 23 m²
Umbauter Raum: ~230 m³

▽   Ein viergeschossiges Erlebnis-Haus aus Metall, Glas und Folie. Im Vordergrund liegt der Balkon, der mit dem Sonnensegel verschattet werden kann, links führt der Metallsteg durch das Grünhaus ins Freie.

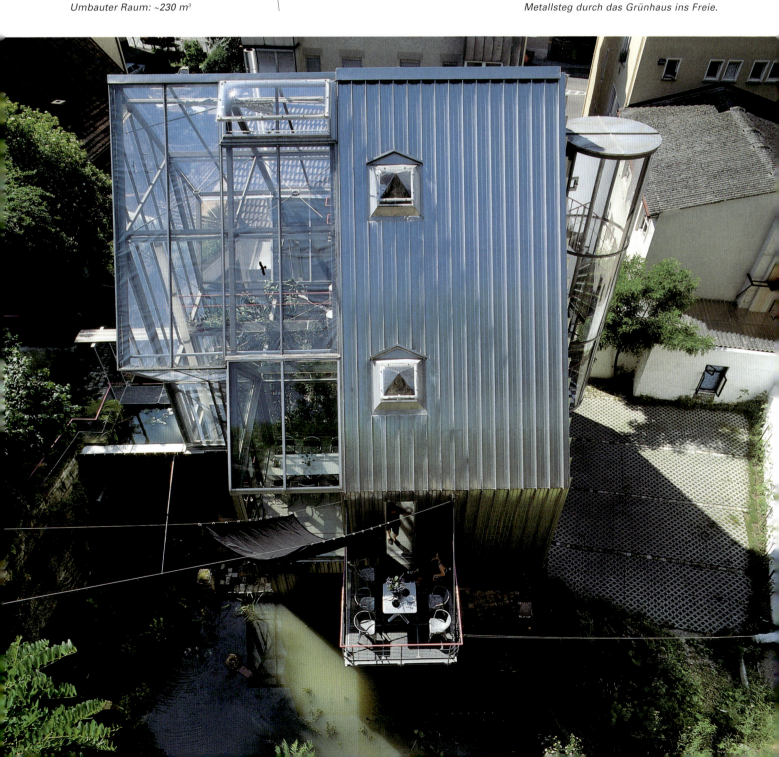

152 PROJEKTE

▽ Leben mit der Natur: Im Wohnraum des ersten Obergeschosses haben die Bewohner engen Blickkontakt nach draußen und zu der mediterranen Flora ihres Wintergartens.

PROJEKTE 153

▽   Das Pflanzenhaus von einer besonders schönen Seite. Die
Wohnräume öffnen sich auf allen Ebenen und nach allen Seiten.
So wird das Gebäude auch von der Gartenseite her erlebbar.

22
GARTENHOF MIT GLÄSERNEM SHOWROOM
PLANUNGSIDEE: STEPHEN WOODHAMS
PLANUNG: ARCHITEKT PETER ROMANIUK, LONDON

Was machen beleuchtete Straußeneier unter dem Glasboden eines Wintergartens? Ganz einfach: Sie sollen Leben in den engen Hinterhof eines alten Reihenhauses in London bringen. Als Stephen Woodhams, Garten-Designer und Star-Florist der Londoner Society, überlegte, die Wohnqualität seines Hauses durch einen Wintergarten zu erhöhen, hatte er nicht an einen ganz normalen Anbau gedacht. Bislang hat er durch den Einsatz ungewöhnlicher Formen, Farben und Materialien auf sich aufmerksam gemacht. Dies wollte er auch bei seinem eigenen Projekt zum Ausdruck bringen, das mit seiner sparsamen Begrünung gleichzeitig Anschauungsobjekt sein soll. Es mussten Materialien her, die den dunklen Hof heller und freundlicher werden lassen: viel Glas, Spiegel für die Mauern und viel Metall.

MATERIALIEN
Innenhof und Wintergarten wurden in einem Zuge geplant und realisiert – mit Metallgitter als Bodenbelag und Blechen für das Podest und die Pflanzen-Container. Die Seitenwände des Glashauses bestehen aus 15 Millimeter starken, gehärteten Glasscheiben, die unten in einem U-Profil gefasst sind. Der Boden wurde mit gesandstrahltem Glas belegt (20 mm stark). Für das „Schaufenster" mit den Straußeneiern wurde Klarglas verlegt. Die Doppeltür besteht aus Dreifachglas. Auf Schalterdruck wird eine Kristallschicht unter Strom gesetzt, wodurch das Glas undurchsichtig und grau verspiegelt wirkt.

▷ Der frühere Gartenhof wird zur Hälfte von dem Glasanbau eingenommen. Der hintere Bereich ist mit Gitterrosten bedeckt, die über Flusskiesel verlegt sind. Bambus sorgt für die filigrane Bepflanzung.

PROJEKTE   155

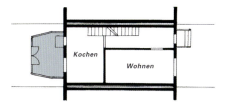

Anbau Wohn-Wintergarten
Grundriss M 1 : 300
Grundfläche: 8 m²
Umbauter Raum: 20 m³

△ Der Blickfang liegt zu Füßen! Kühle Materialien beleben den Hof hinter dem Haus. Glas, Metallroste und -bleche bestimmen den Stil des Wintergartens. 20 Straußeneier, die auf einem Bett zerkleinerter Muscheln ruhen, sind zu einem Objekt im gläsernen Boden gestaltet worden.

▽ Bei der Modernisierung des Londoner Hinterhofs wurden alle modernen Register gezogen. Dabei spielt der Wintergarten, bei dem nicht nur Dach und Wände, sondern auch der Glasboden lichtdurchflutet ist, eine Hauptrolle. Kaum weniger spektakulär ist der Belag für Boden und seitliche Bänke: Metallene Gitterroste, die auf Kies verlegt sind, werden von Strahlern und blauen Lichtbändern effektvoll angestrahlt.

PROJEKTE **157**

▽ In der Dämmerung ist der Innenhof mit dem Showroom vielleicht am schönsten, in jedem Fall besonders effektvoll. Dann leuchten Lampen von oben und von unten aus Metallrosten und Glasboden, und strahlen dezent die großen Eier an.

23
EIN WINTERGARTEN VERÄNDERT DAS HAUS
PLANUNG: ARCHITEKTURBÜRO BIENEFELD (HEINZ BIENEFELD, NIKOLAUS BIENEFELD), SWISTTAL

Am Anfang stand der Wunsch des Bauherren, seinem 1963 gebauten schwedischen Fertighaus einen Wintergarten anzugliedern. Dass bei der Verwirklichung dieses Vorhabens das Haus fast vollständig umgebaut werden würde, konnte er damals noch nicht ahnen. Er erlag der Überzeugungskraft seines Architekten.

KONZEPT

Der Architekt hatte von Beginn an geplant, das Wohnhaus mit dem Wintergarten durch einen größeren Umbau optimal zu vereinen. Bienefeld entwarf einen zweigeschossigen Baukörper, der die gängigen Vorstellungen und Abmessungen eines Wintergartens deutlich überschreitet: er hat annähernd die gleiche Grundfläche wie das Wohnhaus. Allein das hohe, schmale Glashaus erstreckt sich über 20 Meter Länge. Hinzu kommt das leichte, von schlanken Stahlstützen getragene Vordach. Die streng symmetrische Gliederung des Glashauses mit der verbreiterten Mittelachse nahm in keiner Phase des Entwurfs Rücksicht auf die unregelmäßige Gliederung des Fertighauses. Die hierarchische Ordnung des Glasanbaus forderte die Fortsetzung im Innern: unter einigermaßen vertretbarem Aufwand konnte die Gliederung auf das gesamte Haus übertragen werden. Einige Wände wurden entfernt, andere neu gezogen.
Die Wahl der Material- und Farbgestaltung übernahm der Architekt ebenso konsequent wie den Entwurf. Der Boden der Stahl-Glas-Konstruktion des Wintergartens wurde mit quadratischen Grauwackeplatten belegt, in den angrenzenden Wohnräumen gehen sie in einen Dielenboden aus unbehandeltem, hellem Oregon-Pine-Holz über.

△ Der Wintergarten ist von allen Räumen im Unter- und Obergeschoss bequem zu erreichen. Die Räume des Wohnhauses können durch isolierverglaste Schiebetüren vom Wintergarten getrennt werden.

PROJEKTE **159**

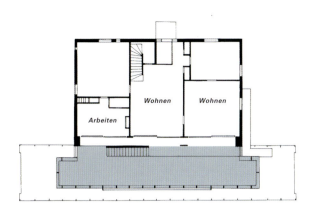
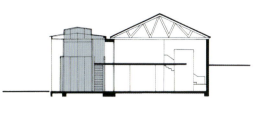

Anbau ökologischer Wintergarten
Grundriss und Schnitt M 1 : 400
Grundfläche: 130 m²
Umbauter Raum: ~1000 m³

▽ Von der Gartenseite aus betrachtet dominiert und verdeckt der angebaute Wintergarten das umgebaute und angepasste Wohnhaus völlig.

▽ Die gerade, aus einem Stück gegossene Treppe mit gebauchten Stufen führt auf eine schmale Galerie, die die oberen Wohnräume erschließt.

▽ *Die hohe, schmale Glashalle mit dem flachen Satteldach ruht auf filigranen Stützen, die den Anbau systematisch gliedern.*

24
INDUSTRIEDESIGN FÜR DEN GLASANBAU
PLANUNG: STOEPPLER + STOEPPLER, ARCHITEKTEN BDA, HAMBURG

Das Ensemble mehrerer Hamburger Stadtvillen hatte den Nachteil, dass der Garten nicht direkt von den Wohnräumen, sondern nur aus dem Treppenhaus oder dem Kellergeschoss zu betreten war. Das war Grund genug für die neuen Besitzer eines dieser Häuser, im Zuge einer mehrjährigen Umbau- und Neugestaltungsphase aller vier Ebenen des Gebäudes einen lichtdurchfluteten Windfang im Eingang und einen Wintergarten auf der Rückseite vorzusehen. Die enge Beziehung der Baufamilie zu Italien sollte in der Architektur sichtbar werden.

KONSTRUKTION UND MATERIALIEN

Inspiriert von dem Wunsch der Bauherren nach klaren Formen moderner italienischer Baukunst gingen die Architekten einen Schritt weiter und ließen sich auch von der Industriearchitektur des nahe gelegenen Bahnhofes der Hamburger Hochbahn (auf dem übernächsten Nachbargrundstück) aus den 20er-Jahren beeinflussen. Daraufhin entwarfen sie eine rechteckige, schwarz gehaltene Stahlkonstruktion mit Holzfenstern (Oregon-Pine) mit sichtbarer Verschraubung. Die geschlossene Decke dient als Dachterrasse vor den Wohnräumen im Obergeschoss. Beheizt wird der isolierverglaste Gartenraum von einer Bodenkanalheizung. Zur Be- und Entlüftung kann jedes zweite Fenster mit Hilfe einer Drehstange geöffnet oder geschlossen werden. An die linke Doppeltür wurde eine Treppenanlage angebaut, ebenfalls in Stahl-Hartholzkonstruktion. Die Geländer mit dem runden Holzhandlauf machen die einheitliche „Handschrift" der Architekten deutlich – die „Reling" wurde im Vorgarten, am Haus, am Wintergarten und an der Gartentreppe eingesetzt.

△ *Das Wohnhaus im Abendlicht. An dem Wintergarten fehlt noch die optisch leichte Treppe in den Garten, die inzwischen angebaut worden ist und die Achse vom Garten bis in das hintere Grundstück verlängert.*

PROJEKTE **163**

Anbau Wohn-Wintergarten
Grundriss M 1 : 300
Grundfläche: 15 m²
Umbauter Raum: 48 m³

▽   *Die Architektur des Wintergartenanbaus trägt zeitlos klare Züge. Keine Schnörkel verunzieren das Bauwerk. Hier wird deutlich, wie reizvoll eine einheitliche Architektursprache wirken kann.*

25
SATTELDACH MIT GUTEN IDEEN
PLANUNG: DIETER JANNSEN, ARCHITEKT, HAMBURG

Neu bauen oder das vorhandene Wohnhaus durch einen Wintergarten erweitern? Vor dieser Frage steht so mancher Hausbesitzer, wenn er seinen Wohnraum vergrößern, das Wohnen etwas komfortabler gestalten möchte. Die Bauherren dieses Hauses aus dem Jahre 1948 entschieden sich für die zweite Variante und wollten ihr Haus an seiner Giebelseite verlängern. Ihre Idee war es, den Wintergarten als Satteldach im Stil des Wohnhauses fortzusetzen, nur etwas kleiner und niedriger, um den Anbau weniger wuchtig wirken zu lassen. Der Architekt entwickelte diese Idee weiter.

KONSTRUKTION UND MATERIALIEN

Der Wintergarten hat von der Seite betrachtet die Form eines Satteldaches. Im Mittelteil ist die Konstruktion aber so eingeschnitten, dass man vom Schlafzimmer im Obergeschoss auf eine Dachterrasse treten kann (vorher gab es an dieser Stelle einen kleinen Balkon). Wie eine Brücke schiebt sich die Decke des geschützten Sonnenplatzes in den Wintergarten. Zu beiden Seiten schützen hohe Glaswände vor Wind. Für den Wohnraum unten im Wintergarten ist die eingezogene Decke kein Nachteil. Sie sorgt für leichte Beschattung, eine Überhitzung des Glasanbaus ist dadurch ausgeschlossen. Der Wintergarten wurde in einer Stahlkonstruktion (die oben eingezogene Decke des Wintergartens wird von vier Stahlstützen getragen) mit Wärmeschutzglas im Alu-Verbundsystem (Schüco) ausgeführt. Die Fußbodenheizung sorgt für ein behagliches Wohnklima.

△ *Wo vor dem Umbau zwei Fenstertüren nach draußen führten und darüber ein Balkon vorkragte, öffnet sich der Wohnraum jetzt großzügig zu einem lichten Gartenraum. Der Balkon wurde durch eine große Sonnenterasse ersetzt.*

PROJEKTE **165**

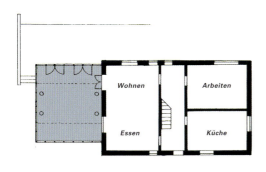

Anbau Wohn-Wintergarten
Grundriss und Schnitt M 1 : 300
Grundfläche: 31 m²
Umbauter Raum: 105 m³

▽ Der lichtdurchflutete Wintergarten mit den Doppeltüren, die sich zum Garten hin öffnen, macht das Wohnen zu einem besonders großen Vergnügen. Die eingezogene Decke (mit Halogenleuchten) verhindert eine zu starke Erwärmung im Sommer.

166 PROJEKTE

▽ Anstatt auf einen Balkon tritt man nun vom Schlafzimmer auf eine große Terrasse mit Sandsteinplatten. Die halb runde Stahlpergola bildet den räumlichen Abschluss für den Sitzplatz, nicht aber für den Blick in den Garten. Über Fensterflügel wird die erwärmte Luft des Wintergartens nach außen abgeleitet.

PROJEKTE **167**

▽ Die ungewöhnliche Dachform macht den Anbau multifunktional: Unten wurde ein großer Wintergarten zum Wohnen und Genießen geschaffen, im Obergeschoss eine 16 Quadratmeter große Freiluftterrasse – geschützt von zwei hohen Glaswänden.

26
WINTERGARTEN MIT AUSSICHT
PLANUNG: CHRISTINE WILFORD-KIRCHNER, ARCHITEKTIN, EAST MOLESEY, ENGLAND

Die Lage des Grundstücks mit dem Blick hinunter auf Bad Hersfeld ist unbezahlbar. Was in dem Haus aus den 30er-Jahren fehlte, war mehr Raum für öfter veranstaltete Feste und zur Unterbringung auswärtiger Gäste. Die Bauherren wünschten sich einen Wintergarten und einen Gästetrakt.

KONZEPT
Zunächst war an eine Art Pavillon mit Kuppeldach für den Wintergarten gedacht worden. Zugunsten einer schöneren Gesamtform für den Alt- und den geplanten Neubau wurde aber eine andere Lösung gesucht. Der Glasanbau wurde an die Küche im vorhandenen Wohnhaus gebaut. Von hier aus gelangt man in das separate Gästehaus. Das Dach des Wintergartens ist in asymmetrischer Satteldachkonstruktion vollständig verglast. Sämtliche Fassaden, auch im Gästetrakt, sind selbst tragende Pfosten-Riegel-Konstruktionen, in Aluminium ausgeführt. Entlang des Altbaus werden die Dachlasten über eine Stahlkonstruktion abgefangen. Für die Verglasung der großen Seiten und Dachflächen wurde Wärmeschutzglas gewählt. Motorisch betriebene Zuluftklappen in der Fassade und Abluftfenster im Dach vermitteln eine ausreichende Luftzirkulation und bewahren vor zu hoher Sommerhitze unter Glas. Außerdem wurde eine Beschattung aus aluminiumbedampften Stoffrollos gewählt. Unter der wärmegedämmten Betonsohle mit italienischen Cotto-Fliesen wurde eine Fußbodenheizung verlegt.

▽ *Von dem sonnigen Wintergarten schaut man auf die Terrasse, den Garten und die Umrisse der Festspielstadt Bad Hersfeld. Helle Jalousien bieten Blendschutz.*

PROJEKTE 169

Anbau Wohn-Wintergarten
Grundriss M 1 : 300
Grundfläche: 42 m²
Umbauter Raum: 150 m³

▽ Das alte Haus hat einen schönen großen Wintergarten bekommen, an den sich (hinten) der Gästetrakt anschließt. In dem Mittelteil ergab sich ein schöner intimer Terrassenhof.

27
REIHENHAUS MIT GROSSER WIRKUNG
PLANUNG: KOVACS & V. WERZ, DIPL. ING. ARCHITEKTEN, MÜNCHEN

Reihenhäuser sind trotz enger Nachbarschaft nach wie vor beliebt. Der Grund: Die Bauform ist kostengünstig, und ein Reihenhaus erfordert – bedingt durch das meist recht kleine Grundstück – einen verhältnismäßig geringen Pflegeaufwand. Denn nicht jeder Hausbesitzer ist ein Hobbygärtner, der sich gerne im Garten betätigt. Als Nachteil erweist sich häufig ein nicht ausreichender Wohnkomfort. Aber das muss nicht sein. Wenn man von der Nähe der benachbarten Häuser und Terrassen absieht, können Reihenhäuser durchaus eine ähnliche Qualität wie ein frei stehendes Haus haben. Das Beispiel dieses Reihenmittelhauses zeigt es.

KONZEPT
Das 7,18 Meter breite Reihenhaus wurde in Split-Level-Bauweise (Halbgeschosse auf versetzten Ebenen) errichtet. Der etwa 3,30 x 2,80 Meter große Wintergarten liegt auf dem Niveau des Hauseingangs und der angrenzenden Terrasse und ist als Erweiterung des Wohnraumes konzipiert. Vom Hausflur geht man vier Stufen (etwa 70 cm) zum Wohnraum hinauf und vier Stufen zum Glashaus hinunter. Ungefähr in der Hausmitte befindet sich das Treppenhaus mit einem Luftraum über zwei Geschosse, der von oben zusätzlich über zwei Dachflächenfenster belichtet wird. So entsteht – vom Wintergarten bis zum Dachfirst – ein gut zehn Meter hoher, heller Raum, der dem Reihenhaus eine unerwartete Großzügigkeit verleiht. Wie das gesamte Haus wird der Wintergarten über eine Fußbodenheizung erwärmt. Da die Bodenfläche des Glashauses nicht ausreiche, wurde in der Seitenwand zusätzlich eine Wandheizung installiert.

KONSTRUKTION
Bei der Bauweise wurde in allen Teilen auch auf optische Qualität geachtet. Der Wintergarten wurde in Stahlkonstruktion, die mit grauer Eisenglimmerfarbe überzogen wurde, errichtet. Die tragenden Profile (T- und Winkelprofile, 60 x 60 mm stark) befinden sich auf der Raumseite. Die Scheiben der Wärmeschutzverglasung sind mit Pressleisten befestigt. Um auch im Dach dieselben Profilstärken einsetzen zu können, wurden die Sparren mit Stahlseilen unter-

△ Kleines Haus mit toller Wirkung. Die Split-Level-Bauweise der versetzten Geschossebenen lässt das schlanke Reihenhaus großzügig wirken. Der Wintergarten öffnet das Gebäude zum Garten hin sehr freigebig und bietet einen hellen Wohnraum mit ungewöhnlicher Atmosphäre.

spannt. Aus optischen Gründen sollte beim Wintergarten auf den Einbau einer Regenrinne verzichtet werden. Die Lösung: Die obere VSG-Scheibe ragt um 15 Zentimeter vor. Um die Konstruktion am Traufpunkt möglichst filigran auszubilden, stößt die Scheibe der vorderen Wandebene stumpf gegen den Scheibenvorsprung der Dachscheibe und ist lediglich mit Silikon verfugt und abgedichtet.

PROJEKTE **171**

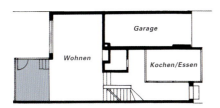

Neubau Wohn-Wintergarten
Grundriss M 1 : 300
Grundfläche: 10 m²
Umbauter Raum: 24 m³

▽   Der Wintergarten des Reihenmittelhauses öffnet sich zum Wohnraum und den darüber liegenden Wohnebenen und bietet einen Luftraum von gut zehn Metern Höhe. Vorne sieht man die beiden Lüftungsklappen.

28
VON AUSSEN ANBAU, VON INNEN WINTERGARTEN
PLANUNG: ARCHITEKT HEINZ-HUBERT LITT, TÖNISVORST

So schlicht und fast selbstverständlich sich dieser Anbau heute zeigt, so kompliziert waren die entwurflichen Vorgaben. Es wurde ein Anbau an die Nordseite eines Einfamilienhauses am Niederrhein gewünscht, der sich in die vorhandene Struktur einfügt und von hoher räumlicher Qualität ist – eine Mischung aus vollwertigem Baukörper und der Leichtigkeit eines Wintergartens. Der massive Eindruck des Ziegelmauerwerks sollte durch große Glasanteile offen und heiter wirken.

▽ *Der Wintergarten mit den drei großen Schiebetüren, die auf die Terrasse führen, fügt sich an das gewohnte Bild des Wohnhauses. Das dreieckige Giebelfenster, das über die schrägen Glasflächen im Dach ragt, lockert die Ansicht vom Garten auf.*

KONSTRUKTION
Entwickelt wurde ein großzügiger Baukörper in der Größe von 5,91 x 8,50 Metern mit teilweise belichteten Dachflächen. Der First der Erweiterung bindet wiederum quer in die Dachfläche des Querflügels. Entgegen der ursprünglichen Annahme war es unmöglich, den Anbau auf der vorhandenen Terrasse zu errichten. Es mussten neue Fundamente auf die Gründungssohle des vorhandenen Hauses geführt werden. Auf das 40 Zentimeter starke Mauerwerk wurde die Leimbinderkonstruktion gebaut (Sparrenstärke 18/10), die außen braun lackiert (im Farbton der Klinker) und innen weiß lackiert wurde. Belüftet wird über zwei Flügel an der schmalen Ost- und Westseite und über die Außentüren. Wegen der Lage nach Norden konnte auf eine Beschattung verzichtet werden. Die weißen Stores an den Türen dienen nicht der Beschattung, sondern sind Raumdekoration.

PROJEKTE **173**

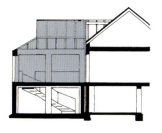

Anbau Wohn-Wintergarten
Grundriss und Schnitt M 1 : 300
Grundfläche: 47 m²
Umbauter Raum: ~160 m³

▽   Der Innenraum des Wintergartens ist heiter, elegant und sehr weiß gehalten: Der Boden ist mit Platten aus französischem Muschelkalk belegt, die Stores dienen als Sichtblende und Dekoration, und die Leimholzsparren sind weiß lackiert.

29
GARTENZIMMER MIT KAMIN
PLANUNG: IVAN GRAFL, ARCHITEKT, MÜNCHEN

Vor 30 Jahren wurde der Gartenkamin aus Maggia-Granit zusammen mit einer winkelförmigen Wand erbaut. Trotz einer Pergola mit Eindeckung behielt der Platz zutreffenderweise den Stil eines ungeschützten Freisitzes. Die Bauherren wünschten sich deshalb hier einen wettergeschützten Platz im Garten, keine Wohnraumerweiterung.

KONZEPT
Auf das formenreiche Walmdach des Einfamilienhauses wird mit einem zurückhaltenden Kubus aus Stahl und Glas geantwortet. Das Glashaus wird um den Kamin gebaut, sodass er frei steht. Dies ermöglicht die Klarheit der Konstruktion.

KONSTRUKTION UND MATERIALIEN
Das Glashaus besteht aus einer verzinkten Stahlkonstruktion mit Einfachverglasung. Auf eine Sekundär-Tragkonstruktion konnte verzichtet werden. Um die Bauweise schlank zu halten, ist ein Achsmaß gewählt worden, damit die berechnete Spannweite mit einem IPE 80-Profil zu bewältigen ist. Stütze und Träger sind als biegesteifer Rahmen ausgebildet und übernehmen die Queraussteifung. Die Glashaut besteht aus 8 und 10 Millimetern Sicherheitsglas, das in den Stößen von runden Edelstahlplatten an die Konstruktion gepresst wird. Zum Abdichten der Dachflächen wird Silikon verwendet, an den vertikalen Glasflächen wurde eine geringe Undichtigkeit in Kauf genommen. Be- und entlüftet wird über eine große rahmenlose Glasschiebetür auf der Ostseite. Auf der Westseite können horizontale Lamellenflächen in verschiedenen Winkeln geöffnet werden. Für die Verschattung werden Stoffbahnen aus speziellem weißem Mischgewebe unter der Dachverglasung eingesetzt, die an Spannseilen, wie man sie vom Segeln kennt, verlaufen.

△ Ein geschützter Sitzplatz, regengeschützt und warm bis in die Nacht, auch wenn im Kamin kein Holz brennt – dieser Traum wurde in diesem Glashaus wahr. In der Tür fehlen weder Klinke noch Griff: Mit einer durchgezogenen Schlaufe wird die Schiebetür bedient.

PROJEKTE **175**

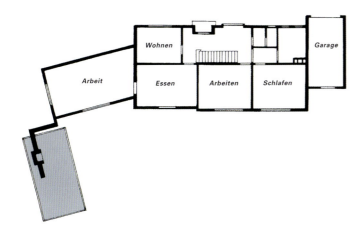

Unbeheizter Glasanbau
Grundriss M 1 : 300
Grundfläche: 21 m²
Umbauter Raum: 45 m³

▽   Der 7,40 x 3,80 Meter große Glaskubus schützt den Sitzplatz am Kamin. Grazile Stahlprofile und rahmenlose Verglasung bewirken die optisch leichte Konstruktion. Stoffsegel und eine einfache Querlüftung verhindern die Überhitzung im Sommer.

30
EIN HAUS FÜR AKTIVE BEWOHNER
PLANUNG: AXEL TILCH, GISELA DRECHSLER, ARCHITEKTEN, RIEDERAU/AMMERSEE

Der Plan sah vor, ein bewohnbares „Palmenhaus" unter den Bedingungen des Grundstücks am Ammersee, der Vegetation und des vorherrschenden Klimas mit geringstem technischen Aufwand, ohne komplizierte Steuerung zu bauen.

KONZEPT
Der auf drei Seiten von Leichtbetonwänden umschlossene Baukörper des passiven Solarhauses öffnet sich nach Süden durch eine lichtdurchflutete Glasfassade. Die Südseite des rechteckigen, nur fünf Meter tiefen Baukörpers hat zur Hälfte senkrechte Fensterflächen, die andere Hälfte besetzt ein zweigeschossiger Wintergarten als Eingangshalle. Die Fassade steht im Winkel von 75 Grad. Das Haus vereinigt mehrere Anwendungen passiver Solarenergienutzung. Neben der Funktion als Wintergarten dient das Glashaus als Klimapuffer im Eingang. Alle Wände, die von der Sonne direkt angestrahlt werden, geben die tagsüber gespeicherte Wärme nach Sonnenuntergang an den Raum als Strahlungswärme ab. Die senkrechte Südfassade ist durch den Dachvorsprung leicht verschattet. Im Obergeschoss ist die Decke um 15 Grad geneigt, sodass Sonnenstand und Dachneigung nahezu identisch sind. Bei einer lichten Raumhöhe von 2,50 Metern reichen die Sonnenstrahlen in der Zeit von November bis Februar bis an die speicherfähige Masse der Rückwände. Auf Beschattungsanlagen und automatische Bewässerung für die subtropischen Pflanzen wurde verzichtet.

KONSTRUKTION
Es handelt sich um eine Gewächshauskonstruktion aus Stahlprofilen, in die von außen Isolierglas gekittet wurde. Das gesamte obere Glasfeld kann elektromotorisch aufgefahren werden, sodass – auch wegen des hohen Luftraums und der Speichermassen – keine Überhitzung entsteht.

KLIMATISIERUNG
Während der Heizperiode wird die Sonneneinstrahlung der nach Süden orientierten Fensterfläche eingefangen, gespeichert und zeitverschoben abgegeben. An heißen Sommertagen lässt man die schweren Bauteile der Speichermasse nachts abkühlen und führt die Wärme über die Fensterklappen nach außen ab. An kalten, trüben Wintertagen wird das Haus entlang der Glasfront beheizt. In manchen Jahren kommen die Bewohner ohne Zusatzenergie aus. Das Glashaus hält eine Temperatur, die im Winter mindestens zehn Grad über der Außentemperatur liegt. Da die Pflanzen im Winter weniger gegossen werden, ist dann auch die Luftfeuchtigkeit gering.

△ Wände aus Leichtbeton (40 cm stark) mit Liaporzuschlag sind eine ideale Speichermasse für den Wintergarten mit subtropischen Pflanzen wie Agave, Kamelie, Palme und Zitrone.

PROJEKTE 177

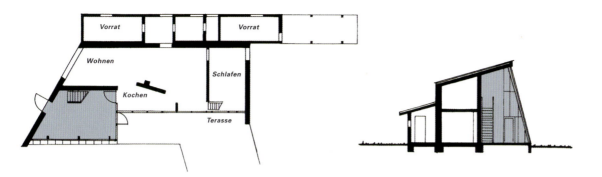

Neubau ökologischer Wintergarten
Grundriss und Schnitt M 1 : 300
Grundfläche: ~23 m²
Umbauter Raum: ~90 m³

▽ Eine klare Südfassade gliedert das Sonnenhaus. Über die Fensterklappen wird die Warmluft nach außen abgeleitet, im Winter sind sie geschlossen. Dann wird die Wärme im Haus genutzt.

31
WINTERGÄRTEN ALS GEWÄCHSHAUS
PLANUNG: ARCHITEKT WOLF FREY, MÜNCHEN

Not macht erfinderisch, heißt es, und in diesem Fall trifft diese Weisheit wieder einmal zu. Auf dem großen Waldgrundstück mit direktem Seezugang war zunächst ein frei stehendes Haus für vier Familien geplant. Als dieses Vorhaben von der zuständigen Baubehörde abgelehnt wurde, entschieden sich Bauherren und Architekt für den Bau zweier anderer ungewöhnlicher Häuser: Doppelhäuser, die durch einen gemeinsamen Windfang, die Kellertreppe, die Haustechnik und einen großzügigen Wintergarten miteinander verbunden sind. Über die Genehmigung dieses Entwurfes verging zwar viel Zeit, aber Ausdauer und Verhandlungsgeschick haben sich gelohnt: eineinhalb Jahre, die Geduld und Ideenreichtum beanspruchten.

Die transparente lichtdurchflutete Südfassade wie auch der große Wintergarten sind so ausgelegt, dass die Sonnenwärme energetisch optimal genutzt werden kann. Eine gute Wärmedämmung und sehr viel Speichermassen in den Gebäuden (Betonboden, gemauerte Wände, massive Zwischenböden) ermöglichen ein ausgeglichenes Klima: keine Überhitzung und keine Kälte in der Nacht.

△ *Stufen verbinden das Souterrain mit dem Garten und dem darüber liegenden Erdgeschoss. Der Garten unter Glas wird im Winter mit einer Fußbodenheizung frostfrei gehalten.*

PROJEKTE 179

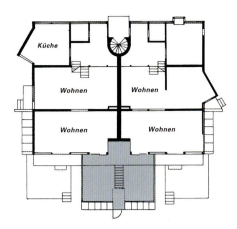
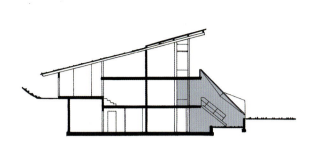

Neubau mit ökologischem Wintergarten
Grundriss und Schnitt M 1 : 400
Grundfläche: 38 m²
Umbauter Raum: ~140 m³

▽ Jedes der beiden sonnigen Doppel-Holzhäuser mit den breiten Vordächern und den großen Wintergärten fügt sich harmonisch in das waldartige Grundstück ein.

▽ *Die ungewöhnlichen Häuser bieten jede Menge Freiluft-Sitzplätze, um möglichst jeden Sonnenstand zu jeder Jahreszeit optimal ausnutzen zu können.*

KONSTRUKTION UND MATERIALIEN

Die beiden Gebäude wurden in Holz-Skelettbauweise errichtet, wodurch Grundriss und die Wohnungsgröße flexibel verändert werden können. Die vorgelagerten Wintergärten ähneln dem Typ eines Gewächshauses. Sie sind ein wichtiges Bindeglied zwischen der Souterrainwohnung und dem Garten sowie der Keller- und der darüber liegenden Erdgeschosswohnung. Das Tragwerk besteht aus einer feuerverzinkten Stahlkonstruktion mit handelsüblichen Profilen. Sie steht auf einem Betonsockel, im unteren Bereich (mit Erdkontakt) aus Normalbeton mit Außendämmung, darüber aus Leichtbeton. Zum Garten hin ist der Boden mit Kies bedeckt, zum Haus hin mit Platten belegt (Fußbodenheizung zur Erwärmung in frostigen Winternächten).

Doppelstegplatten am Balkon, die man herausnehmen kann, Lamellenfenster und die Türen zum Garten sorgen für eine gute Querlüftung. Auf eine zusätzliche Verschattung konnte wegen des vorhandenen Baumbestandes verzichtet werden. Es wurde normales Isolierglas mit thermisch getrennten Alu-Glashalteleisten eingesetzt.

PROJEKTE **181**

▽ *Die kombinierte Holz- und Stahlkonstruktion, die sich mit viel Glas gut zur Sonne hin öffnet, verleiht den beiden Doppelhäusern einen unvergleichlichen Charme.*

32
ABENTEUER ARCHITEKTUR
PLANUNG: ARCHITEKT BEN VAN BERKEL (UN STUDIO/VAN BERKEL & BOS), AMSTERDAM
GARTENPLANUNG: WEST 8 LANDSCAPE ARCHITECTS (ADRIAAN GEUZE), ROTTERDAM

Es ist nicht verwunderlich, wenn sich das Entwurfskonzept dieses Hauses in der Nähe von Amsterdam dem Betrachter und ebenso dem Besucher nicht sogleich erschließt: Das Verwirrspiel kantiger Betonscheiben und grünen Glases ist durchaus als Teil des Konzeptes zu verstehen. Bereits bei der Suche nach dem Eingang wird es dem Fußgänger nicht leicht gemacht, das Entree unter dem kanzelartigen Vorsprung auszumachen. Der Architekt hat nach fünfjähriger Planung ein Haus gebaut, das den Bewohnern nicht nur zum Wohnen, sondern wie gewünscht auch zum Arbeiten dient. Die Bauaufgabe bestand darin, ein Haus zu schaffen, das den verschiedenen Aktivitäten der Baufamilie ausreichend Freiraum bietet, das die Vielgestaltigkeit und Wandlung des Lebens widerspiegelt und den Rhythmus der Natur in seinen Räumen erlebbar werden lässt.

KONZEPT
Es basiert auf dem Prinzip der „Nicht-Orientierbarkeit" des Möbiusschen Bandes (Mathematiker P. Möbius 1853-1907). Nach der mathematischen Definition ist es ein Streifen, dessen Enden der einseitigen Fläche um 180 Grad verdreht und dann miteinander verbunden werden.

Das Ergebnis ist ein Baukörper, der in dem zwei Hektar großen Naturgarten wie eine Skulptur wirkt, von Endlosigkeit und Orientierungslosigkeit durchdrungen. Eine Fassade im eigentlichen Sinn sucht man hier vergebens, ebenso einen Wintergarten, wenngleich Glas eine umfangreiche Verwendung fand. In dem 550 Quadratmeter großen Haus wurden zwei Raumfluchten zusammengefügt, sodass sich im Innern ein schlaufenförmiger Weg ergibt, von dem alle Wohn- und Arbeitsräume auf den verschiedenen Niveaus erreicht werden können. Das Leben in diesem Hause ist vergleichbar mit einem Spaziergang in einer bewegten Landschaft.

▽ *Ein dynamisches Bauwerk aus Beton und Glas, das jeden Besucher gefangen nimmt und einbezieht. Die Fassade des Einfamilienhauses ist außergewöhnlich in Material und Ästhetik.*

PROJEKTE 183

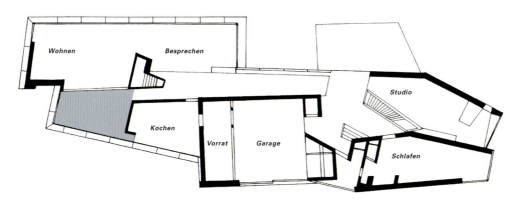

Neubau Wohn-Wintergarten
Grundriss M 1 : 300
Grundfläche: 25 m²
Umbauter Raum: ~55 m³

▽ Glas macht den verschachtelten Kubus transparent und unterbricht die Sichtbetonflächen. Der Wohnraum kann schnell in einen Besprechungs- oder Konferenzraum verwandelt werden.

33
REIHENHÄUSER MIT HOHEM LICHTFAKTOR
PLANUNG: TREBERSBURG & PARTNER, ZIVILTECHNIKER, WIEN

Die Anlage „Naturnahes Wohnen" liegt südöstlich von Wien. Sie besteht aus Zeilen von zwei- und dreigeschossigen Reihenhäusern mit höchstens sechs Einheiten. Die Häuser sind ausschließlich nach Süden ausgerichtet, um ein Maximum an Solarenergie zu erzielen. Der Abstand der Häuserzeilen wurde so gewählt, dass einerseits eine angemessene Bebauungsdichte, andererseits eine optimale Besonnung im Winter erreicht wird.

DIE WINTERGÄRTEN
Zusammen mit den großen Südfenstern und der transparenten Wärmedämmung ermöglichen die Glasvorbauten passive Sonnenenergiegewinne. Wenn sich an kalten Sonnentagen der Wintergarten erwärmt, werden die Türen nach innen geöffnet. Die warme Luft steigt hoch ins Obergeschoss. Über das Treppenhaus strömt kühlere Raumluft nach unten. Die Thermik macht es möglich, dass sich die warme Luft im Haus verteilt und somit zur Reduzierung der Heizenergie und -kosten beiträgt. Betondecken und Mauern aus Ziegeln liefern die Masse, um die Wärme längere Zeit zu speichern. Im Sommer wird die Warmluft des Wintergartens über Fenster, Lüftungsklappen und Türen nach außen abgeführt. Die Tür zum Wohnraum bleibt dann verschlossen. Die Holzfenster sind mit Wärmeschutzgläsern ausgestattet. Bei einigen Musterhäusern werden derzeit messtechnische Untersuchungen und Langzeitstudien über Tauglichkeit und Wirtschaftlichkeit neuer Gläser und Wärmedämmungen durchgeführt.

△ Wintergärten als Klimapuffer und Zusatz des Wohnbereiches. Den Schlafräumen sind mit Glas überdachte Loggien vorgelagert. Das Glas hat beidseitig Siebdruckstreifen zur Beschattung im Sommer. Im Winter strahlen die flacheren Sonnenstrahlen durch das Glas bis tief in die Häuser hinein.

◁ Wintergärten sind nicht nur für Pflanzenliebhaber ein Gewinn: Sie verbessern das gesamte Raumklima.

PROJEKTE 185

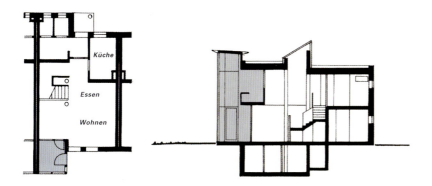

Neubau als ökologische Wintergärten (siehe linke Seite)
Grundriss und Schnitt M 1 : 300
Wohnfläche: 5 m²
Umbauter Raum: ~32 m³

▽ Die zweigeschossigen Wintergärten bieten naturnahes Wohnen im Reihenhaus und reduzieren den Verbrauch an zusätzlicher Heizenergie.

34
ZWISCHEN HIMMEL UND ERDE
PLANUNG: AARPLAN ATELIER FÜR ARCHITEKTUR, BERN

Das Schweizer Projekt „Wydacker" mit acht Niedrigenergie-Reihenhäusern hat zwei sehr unterschiedliche Seiten: Auf der Nordseite ist dem begrünten Erdwall nichts Ungewöhnliches anzumerken (Abb. unten). Ihre Kehrseite: Die großen Glasflächen der dreigeschossigen Wintergärten auf der Südseite sind nicht zu übersehen (Abb. rechts). Pro Reihenhaus beträgt die Glasfläche 57 Quadratmeter.

BAUWEISE
Die Reihenhäuser sind in drei Bereiche gegliedert: zum einen in die verglaste Zone mit dem Wintergarten, in der sich normalerweise der Alltag abspielt. Unter der voll verglasten, 60 Grad geneigten Fassade wird die Luft aufgewärmt, die massiven Mauern und schwarzen Plattenböden speichern die Sonnenenergie und sorgen dafür, dass sie über die Sonnenscheindauer hinaus zeitverzögert genutzt

▽ Weder aus der Entfernung noch aus der Nähe ist es dem begrünten Erdwall nicht anzusehen, dass sich darunter sonnenbeheizte Reihenhäuser verbergen, die mit dem Schweizer Solarpreis ausgezeichnet wurden.

PROJEKTE 187

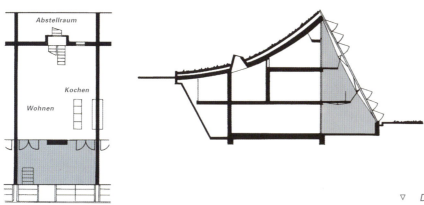

Neubau ökologische Wintergärten
Grundriss M 1 : 300
Grundfläche: 27 m²
Umbauter Raum: ~115 m³

▽ Die Südseite der Reihenhäuser fängt die Sonnenenergie ein. Entlang des Firstes wurden zusätzlich Photovoltaik-Kollektoren installiert, die etwa ein Drittel des in den Haushalten benötigten Stromes liefern. Um Überhitzung im Hochsommer zu vermeiden, können bis zu zwei Drittel der Glasflächen geöffnet werden.

▽   Über Handkurbeln lassen sich die vielen Lüftungsklappen, die oben und unten im Wintergarten angeordnet sind, bedienen.

werden kann. Die Raumluft als „Transportmedium" sorgt dafür, dass nicht nur die direkt bestrahlten, sondern auch die übrigen Baumassen aufgeladen werden. Durch dieses Auf- und Entladen entsteht ein angenehmes Reizklima. Im hinteren nördlichen Bereich sind Nebenräume eingeplant, zum Erdreich liegt auf der selben Geschossebene der „Keller". Hier wird über einen Ventilator Unterdruck erzeugt, die Folge: Die vorgewärmte Luft fließt vom Wintergarten durch das gesamte Gebäude. Mit Lüftungsklappen in den inneren Fensterfronten kann die Luftzufuhr fein dosiert werden. Der Luftwechsel braucht nur dort stattzufinden, wo er gewünscht wird. Bei diesen Häusern sind die Bewohner selbst für ein optimales Wohnklima verantwortlich. Nur durch ein ausgewogenes Zusammenspiel von Lüften, Speichern und Verschatten wird der Einsatz von Fremdenergie (Gasheizung über Radiatoren) auf ein Mindestmaß reduziert. Bis jeder Bewohner sich an das neue Klima und die Notwendigkeit seiner eigenen Mitarbeit für eine optimale Wärme im Haus gewöhnt hat, verging naturgemäß eine Weile. Inzwischen hat sich die Bauweise der Niedrigenergie bewährt und ist in vollem Umfang akzeptiert worden.

KONSTRUKTION UND MATERIALIEN

Auffallend sind die ganz verglaste Südseite, die Hängedachkonstruktion und der Erdwall als Fortsetzung des begrünten Daches. Die Südseite ist mit einer dreigeschossigen Stahl-Glas-Konstruktion verglast. Etwa zwei Drittel der Fensterflächen lassen sich über Handkurbeln öffnen und schließen. Zusätzlich gibt es Schatten spendende Rollos hinter den Scheiben.

▽ Der hohe Raum im Wintergarten unter der feuerverzinkten Stahl-Glas-Konstruktion ist ein beliebter Aufenthaltsort für die Familie und die Pflanzen. An Stelle von Teppichboden oder Holzparkettboden wurden Asphaltplatten auf darunter liegendem Splitt verlegt. Sie dienen wie die massiven Wände als Speichermasse zur Aufnahme der Strahlungswärme.

35
EINE DREIECKSGESCHICHTE
PLANUNG: PROF. JOHANNES PETER HÖLZINGER, ARCHITEKT BDA, BAD NAUHEIM

Der Grund für den niedrigen Kaufpreis des Grundstücks im Main-Taunus-Kreis war bei der ersten Besichtigung durchaus verständlich: Das dreieckige Restgrundstück mit Südgefälle in einem Neubaugebiet war unter normalen Gesichtspunkten nicht bebaubar. Trotz erheblicher Bedenken kauften die beiden Bauherren das Gelände und versuchten sich selbst an Entwurfsüberlegungen. Als sie in einer Ausstellung des Frankfurter Architekturmuseums auf die skulpturhaften Bauten des Architekten Peter Hölzinger aufmerksam wurden, wussten sie: Das ist unser Architekt!

KONZEPT
Zunächst hatte der Architekt in seinem Entwurf einen monolithischen Dreieckskörper aufgeklappt. Anschließend öffnete und gliederte er diese Grundform durch eine horizontal und quer verlaufende Achse. „Das architektonische Prinzip der Auflösung eines geschlossenen Körpers entspricht dem heutigen Raumbegriff: Nicht Haus als geschlossener Körper im Raum, sondern Haus als modulare Verdichtung von tektonischen Elementen im endlosen Raum." Die Zwischenräume des so in vier Teile auseinander gerückten Baukörpers sind verglast. Die beiden unteren Segmente wurden begrünt. Das Wohnen wird auf die Jahreszeiten abgestimmt. Aus den verglasten Bereichen ergab sich das Sommerhaus mit Wohn- und Essplatz. Die eingefangene Sonnenenergie wird durch Querlüftungen und Schlitzfenster in kühlere Räume geleitet oder nach außen abgeführt. Die beiden rückwärtigen, drei Stufen über dem Sommerhaus liegenden Segmente mit Isolierglas-Innenfassaden bilden das vier Ebenen umfassende Winterhaus.

GRUNDRISS
Der Zugang erfolgt über die Spitze, die dem Neubaugebiet zugewandt ist. Dort liegt – ein paar Stufen höher – das „Winterhaus" mit Wohnraum, Küche und Essplatz. Zwischen den beiden begrünten Dächern ist das „Sommerhaus". Unter dem großen Glasdach wird so viel Wärme gespeichert, dass fast völlig auf zusätzliche Heizenergie im Haus verzichtet werden kann. Ein unter die Verglasung gespanntes Segel und zu öffnende Fenster sorgen für eine effektive Querlüftung während der heißen Sommermonate.

△ Ein Modell sagt mehr als viele Pläne. So wird die Idee des auseinander gezogenen, lichten Baukörpers plastisch. Dieses Haus ist ein Beispiel für notwendiges ökologisches Denken, das zu Formfindungen führt, die aus den natürlichen Gegebenheiten des Ortes wachsen.

▽ Dach- und Außenflächen sind aus 50 Zentimeter starkem Leichtbeton mit hoher Speicherfähigkeit gegossen. Die Betonaußenflächen sind gestockt, die Schnittstellen glatt. Das schmale Glasband bringt viel Licht in das Innere des ungewöhnlichen Gebäudes.

PROJEKTE 191

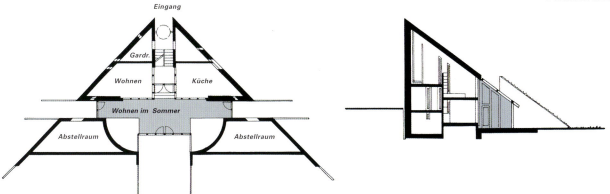

Neubau Wohn-Wintergarten
Grundriss und Schnitt M 1 : 400
Grundfläche: 31 m²
Umbauter Raum: ~130 m³

▽ Gartenansicht: Ein Gebäude, dessen Architektur man nicht so schnell vergisst. Gläserne Bänder verbinden den aufgelösten, monolithischen Baukörper. Begrünte Dächer wechseln sich mit Glasflächen ab. Unter dem Glas wird viel Strahlungswärme gespeichert.

LITERATURHINWEIS

Aktionsgemeinschaft Glas im Bau (Hrsg.): **Glasanbauten und moderne Wintergärten; Mit Glas und mit der Sonne bauen; Erlebnisräume und Raumerlebnisse**, Düsseldorf (o. J.)

Balkow, von Bock, Krewinkel, Rinkens: **Glas am Bau**, Stuttgart 1986

Bill-Janda, Fischer: **Energie und Nahrung aus d. Solargewächshaus**, München 1983

Bundesministerium für Raumordnung, Bauwesen und Städtebau (Hrsg.): **Handbuch – Passive Nutzung der Sonnenenergie**, Bonn 1984

Creative Design Group: **Mehr Haus, mehr Sonne, mehr Geld**, Troisdorf 1983

Döring (Hrsg.): **Porös**, TH Aachen, Nr. 17/84

Faskel: **Die Alten bauten besser**, Frankfurt 1982

Faskel, Nicolic: **Gebäudeplanung Gesamtkonzeption**, Schriftenreihe des Bundesministeriums für Raumordnung, Bauwesen und Städtebau, Bonn 1983

Freymuth: **Diagrammsatz Sonnenwärme**, Institut für Tageslichttechnik, Stuttgart; Veröffentlichung 135 der Forschungsgemeinschaft Bauen und Wohnen, Stuttgart 1982

Futura: **Interior Landscaping**, Reston 1983

Gesamthochschule Kassel, Fachbereich Stadt- und Landschaftsplanung Leberecht Migge 1831 – 1935, Bremen 1981

McGrath, Frost: **Glass in Architecture and Decoration**, London 1961

Greiner/Weber: **Pflanzen für den Wintergarten**, München 1993

Grüne Häuser – Entwürfe für die Bundesgartenschau 1985 in Berlin, Berlin 1983

Guenon, Kalmanovitch: **Glashäuser zum Wohnen**, Wiesbaden, Berlin 1983

Hafer, Böhmer: **Glasarchitektur, Bewohnte Glashäuser und Glasanbauten**, Köln 1985

Hauser: **Energetische Auswirkungen und sommerliches Temperaturverhalten eines Wintergartens, Kunststoffe im Bau**, Heft 4/1984

Haupt/Wiktorin: **Wintergärten – Anspruch und Wirklichkeit**, Staufen 1996

Herzog, Natterer: **Gebäudehüllen aus Glas und Holz**, Lausanne 1984

Hillmann, Nagel, Schreck: **Klimagerechte und energiesparende Architektur**, Karlsruhe 1981

Hix: **The Glass House**, Cambridge, Massachusetts, 1981

Hütsch: **Der Münchner Glaspalast 1854 bis 1931**, Münster 1985

IBK-Seminar Handbuch 71: **Wintergärten in der heutigen Architektur**, Darmstadt 1985

IBK-Seminar-Handbuch 75: **Wintergärten planen und bauen**, Darmstadt 1986

IBK-Seminar-Handbuch 91: **Erfahrungen mit Wintergärten, Glas-, An- und Einbauten**, Darmstadt 1988

IBK-Seminar-Handbuch 115: **Wintergärten, Glas-, An- und Einbauten**, Darmstadt 1990

IBK-Seminar-Handbuch 240: **„Glashäuser" 2000: Wintergärten, Glaseingangshallen, Glas-, An- und Einbauten**, Darmstadt 1999

Kiraly: **Architektur mit der Sonne**, Karlsruhe 1981

Köchel: **Kübelpflanzen, Der Traum vom Süden**, München 1997

Klock: **Pflanzen für den Wintergarten**, München 1992

Kohlmaier, von Sartory: **Das Glashaus**, München 1981

Koppelkamm: **Gewächshäuser und Wintergärten im neunzehnten Jahrhundert**, Stuttgart 1981

LOG ID: **BGW Dresden**, Stuttgart/London 1997

LOG ID: **Grüne Archen**, Frankfurt 1982

LOG ID: **Schempp/Krampen Glashaus Herten**, *Köln 1995*

Lorenz-Ladener: **Solargewächshäuser**, *Kassel 1981*

Lutz, Jenisch, Klopfer, Freymuth, Krampf: **Lehrbuch der Bauphysik**, *Stuttgart 1985*

Manaker: **Interior Plantscapes**, *New Jersey 1981*

Ned.Work-Agentur: **Mensch, Raum und Pflanze**, *Düsseldorf 1997*

Neumann: **Glashäuser aller Art** *(Nachdruck von 1852), Wiesbaden/Berlin 1984*

Reiners: **Wohnen im Wintergarten**, *München 1995*

Reusch: **Geschichte der Nutzung der Solarenergie**, *Dissertation Hannover 1982*

Salomon de Caus: **Hortus Palatinus, Die Entwürfe zum Heidelberger Schlossgarten 1620** *Reprint, Worms 1980*

Schäfer: **Messungen an Sonnenhäusern**, *Zürich 1985*

Scheerbart: **Glasarchitektur**, *München 1971*

Schempp, Kramp: **Mensch und Pflanze**, *Karlsruhe 1982*

Schild: **Zwischen Glaspalast und Palais des Illusions**, *Frankfurt a. M., Berlin 1967*

Siedlungsplanung mit passiver Solarenergie, gew. Oberseminararbeit, Freising 1985

Stein: **Blumenfenster und Wintergarten**, *Stuttgart 1984*

Tonne: **Besser bauen mit Besonnungs- und Tageslicht-Planung**, *Schorndorf 1954*

Twarowsky: **Sonne und Architektur**, *München 1982*

Verbraucherzentrale Niedersachsen: **Wintergärten**, *Hannover 1985*

Veth: **Handbuch der Innenbegrünung**, *Braunschweig 1998*

Wachberger: **Mit der Sonne bauen**, *München 1983*

Weichardt: **Grüne Solararchitektur**, *Karlsruhe 1982*

Wintergärten: **Glasanbauten, Gewächshäuser, Gartenzimmer**, *München 1986 (Originalausgabe: Conservatories and Gardenrooms, London 1985)*

Wolf: **Solargartenhaus zum Selbstbau**, *Puchheim 1984*

Wright: **Sonne, Natur, Architektur**, *Karlsruhe 1980*

Zeitschriften

Architektur und Wohnen, *Hamburg*
Bauen mit Glas, *Lauenförde*
Glas und Rahmen, *Schorndorf*
Glasforum, *Schorndorf,*
Häuser, *Hamburg*
Homes & Gardens, *München*
Neues Wohnen, *Hamburg*
Schöner Wohnen, *Hamburg*
Sonnenenergie & Wärmepumpe, *Bielefeld*
Wintergarten-Ratgeber für Planer, *Fachverband*
Holzwintergarten, *Mainburg*
Zuhause wohnen, *Hamburg*

FIRMENADRESSEN

Amdega, Deutschland Vertrieb
Sieben Eujen KG
Hinter dem Rahmen 6
26721 Emden
0 49 21/2 50 51

Art-Design
Kulemannstieg 17
22457 Hamburg
0 40/5 59 46 65

Das Glashaus
C. Busch
An der Eilshorst 15
22927 Großhansdorf
0 41 02/6 14 29

J. Eberspächer
Eberspächerstr. 24
73730 Esslingen
07 11/9 39 00

Flagstone Trade GmbH
Zippelhaus 2
20457 Hamburg
0 40/30 39 98 98

Holztechnik Gräbe
Holsteinischer Kamp 82
22081 Hamburg
0 40/29 76 40

Hüppe Form Sonnenschutzsysteme
Postfach 2523
26015 Oldenburg
04 41/40 20

Cornelius Korn GmbH
Von-Linné-Str. 1
22880 Wedel
0 41 03/9 16 00

Marston & Langinger Ltd.
192 Ebury Street
GB London SW1W 8UP
00 44-171/8 24 88 18

Schennjesse
Postfach 627
24752 Rendsburg
08 00/7 41 23 69

Schüco International KG
Postfach 10 25 53
33525 Bielefeld
05 21/78 30

Sunshine Wintergarten GmbH
Boschstraße 1
48703 Stadtlohn
0 25 63/70 71

Warema
Sonnenschutztechnik
Vorderbergstraße 30
97828 Markheidenfeld
09 31/2 00

PFLANZENLIEFERANTEN

Alphaflor-Blumenhaus
Salzstr. 1
79098 Freiburg
07 61/3 46 46

Bader Blumenhaus
Tailfinger Str. 3
72525 Münsingen
0 73 81/27 91

Bambus-Centrum Eberts
Saarstr. 3
76532 Baden-Baden
0 72 21/6 15 98

blattgrün, Gaby Braun-Nauerz
Willstätterstr. 1
38116 Braunschweig
05 31/51 25 29

Jens Buddrich
Amselstr. 75
24837 Schleswig
0 46 21/5 32 24

Engler-Gartenbau
Franzosenstr. 16
79341 Kenzingen
0 76 44/5 08

Fleur (Klein GmbH)
Schulstr. 10
64283 Darmstadt
0 61 51/2 05 53

Flora Mediterranea
(auch Planung und Bepflanzung)
Königsgütler 5
84972 Au/Hallertau
0 87 52/12 38

Hortense Pflanzenvertrieb
Rosswagstr.
72793 Pfullingen
0 71 21/7 11 05

Ibero-Import
Bahnhofstr. 12
37249 Neu-Eichenberg
Te. 0 55 42/18 45

Pfitzer-Pflanzen
Täschenstr. 51
70736 Fellbach
07 11/58 13 70

Planung und Ausführung:
Strohm-Innenbegrünung
Keltergasse 6
74259 Widdern
0 62 98/30 24

Südflora
Stutsmoor 42
22607 Hamburg
0 40/89 16 39

Tropen-Express
Dr.-Winklhofer-Str. 22
94036 Passau
08 51/8 18 31

Österreich
Exotica Indoorpflanzen
Toni Brugger
Amraserseestr. 56 H
A 6020 Innsbruck
00 43/3-5 12/39 36 59

Gartenbau Häußle
Bahnhofstr. 11
A 6830 Rankweil
00 43/4-55 22/4 51 00

Schweiz
Hauenstein Zürich
Winthurer Str. 709
CH 8051 Zürich-Schwamendingen
00 44/1-3 22 06 66

IMPRESSUM

© 2000 Verlag Georg D.W. Callwey Gmbh & Co.
Streitfeldstraße 35, 81673 München,
http://www.callwey.de, e-mail: buch@callwey.de

Ein Titeldatensatz für die Publikation ist bei der Deutschen Bibliothek erhältlich.
Die Deutsche Bibliothek – CIP-Einheitsaufnahme
ISBN 3-7667-1367-1

Das Werk einschließlich aller seiner Teile ist urheberrechtlich geschützt. Jede Verwertung außerhalb der engen Grenzen des Urheberrechtsgesetzes ist ohne Zustimmung des Verlages unzulässig und strafbar. Das gilt insbesondere für Vervielfältigungen, Übersetzungen, Mikroverfilmung und die Einspeicherung und Verarbeitung in elektronischen Systemen.

Gestaltung und Produktion: Factor Product GmbH, München, Lithos: Eurocrom 4, Villorba, Druck und Bindung: BAWA, München

Printed in Czech Republic, 2000

Bildnachweis:
Bei allen nicht aufgeführten Bildern und Zeichnungen liegt das Copyright bzw. das Urheberrecht bei den jeweils genannten Architekten und Firmen.

Dank:
Allen Architekturbüros und ihren Mitarbeitern, den Bauherren, Firmen und Fotografen sei an dieser Stelle sehr herzlich für ihr freudiges Engagement gedankt. Ebenso Dipl.-Ing. Markus Lampe, der alle Grundrisse uns Schnitte in einer einheitlichen grafischen Form dargestellt hat. Und natürlich dem Callwey Verlag mit seinem freundlichen Mitarbeiterteam. Ohne die intensive Mitarbeit aller Beteiligten hätte dieses Buch nicht entstehen können.

ARCHITEKTENADRESSEN

Aarplan Atelier für Architektur
Dipl.-Architekt Rolf Schoch
Tellstraße 20
CH 3014 Bern
00 41-31/3 32 69 39

Bambek + Bambek, Architektur + Design
Béla Bambek Dipl.-Ing. freier Architekt BDA
Ingrid Bambek-Schöttle Innenarchitektin
Untertürkheim
Strümpfelbacher Straße 58 A
70327 Stuttgart
07 11/33 77 10

Architekturbüro Baumschlager + Eberle
Lindauerstr. 31
A 6911 Lochau
00 43/55 74/4 30 79

Architekturbüro Bienefeld
Haus Derkum
53913 Swisttal-Ollheim
0 22 55/83 78

Luigi Blau
Architekt
Alser Straaße 27
A 1080 Wien
00 43/1-405 45 95

Design Antenna
GB London

Duane Paul Design Team
Black & White Cottage
Standon Lane
GB Ockley, Surrey RH5 5OR
00 44/13 06 62/76 77

Fischer-Art AG
Architekturstudio
Leonhardsstraße 38
CH 4003 Basel
00 41/61-2 72 72 58

Wolf G. Frey
Architekt
Eduard-Schmid-Str. 27
81541 München
0 89/65 11 33 66

Furter, Eppler, Stirnemann
Architekten
Rigacker 9
CH 5610 Wohlen
00 41/56-6 22 00 20

Ingo Gabriel, Jörn Behnsen
Architekten
Eibenweg 26
26131 Oldenburg
04 41/50 65 70

Ivan Grafl
Architekt
Blumenstr. 15
80331 München
0 89/2 60 84 64

Gruhl & Partner
Architekten
Benesisstr. 61
50672 Köln
02 21/9 25 88 06

Peter Ghyczy
Selection
Reubenberg 25
NL 6071 PS Swalmen
00 31/47 40 21 48

Helmut Hesse
Dipl.- Ing. Architekt
Saarlauterner Str. 40
28211 Bremen
04 21/49 88 207

Hinrichsmeyer + Bertsch
Freie Architekten BDA
Karlstraße 14
71034 Böblingen
0 70 31/2 16 70

Prof. Johannes Peter Hölzinger
Architekt BDA, DWB
Gustav-Kayser-Straße 4
61231 Bad Nauheim
0 60 32/49 66

Architekturbüro Rudolf M. Huber
Hüterweg 24
85748 Garching
0 89/3 20 40 54

Dieter Jannsen, Dipl.- Ing. Architekt
Planungs- und Projektgesellschaft mbH
Hermannstr. 10
20095 Hamburg
0 40/3 69 64 40

Klemens Köhler
Architekt BDA
Klosterstr. 60
48143 Münster
02 51/5 45 78

Dr. Bernhard Korte
Landschaftsarchitekt
Fürstenwall 163
40215 Düsseldorf
02 11/37 25 56

Kovacs & v. Werz
Dipl.-Ing. Architekten
Viktor-Scheffel-Straße 21
80803 München
0 89/34 74 98

KJS+ Architekten
Kress, Johannes und Straßgürtl
Bismarckstr. 9
91054 Erlangen
0 91 31/2 60 16

Heinz-Hubert Litt
Hochbauplanung
Vossenhütte 9
47918 Tönisvorst
0 21 56/8 04 61

LOG ID
Prof. Dieter Schempp
Sindelfinger Straße 85/Glashaus
72070 Tübingen
0 70 71/9 48 30

Nalbach + Nalbach Architekten
Prof. Johanne Nalbach,
Prof. Gernot Nalbach
Rheinstraße 45
12161 Berlin
0 30/8 59 08 03

Niederwöhrmeier + Kief
Freie Architekten BDA
Castellstraße 103
90451 Nürnberg
09 11/6 42 62 82

Planerkollektiv
Architekten, Stadtplaner, Ingenieure
Paulinenallee 32
20259 Hamburg
0 40/4 30 10 43

Andreas Reidemeister, Joachim W. Glässel
Dipl.-Ing. Architekten BDA
Helmholtzstr. 13-14
10587 Berlin
0 30/3 99 025 60

Roland Schedewie
Architekt
Bogenstraße 9
63526 Erlensee
0 61 83/26 62

Stoeppler + Stoeppler
Arvid und Uldis Stoeppler, Dipl.-Ing.
Architekten
Richardstraße 45
22081 Hamburg
0 40/2 99 80 81

Michael Szyszkowitz, Prof. Karla Kowalski
Architekten
Elisabethstraße 52
A 8010 Graz
0043/316-32 75 75
Haußmannstraße 28
70188 Stuttgart
07 11/24 71 75

Hans-Jürgen Steuber
Mörfelder Landstr. 10
60598 Frankfurt

Axel Tilch, Gisela Drexler
Architekten
Am Steinigen Graben 3
86911 Riederau/Ammersee
0 88 07/72 20

Grünplanung Timm
Papenhuder Straße 40
22087 Hamburg
0 40/2 29 99 35

Trebersburg & Partner Ges.m.b.H.
Penzingerstraße 58
A1140 Wien
00 43/2 22-8 94 31 91

UN Studio
Van Berkel & Bos
Stadhouderskade 113
NL 1073 AX Amsterdam
00 31/20-5 70 20 40

WAS Architekten, Prof. Walter A. Schmidt
Neunkirchen 13
64397 Modautal
06254/94 21 70

Linie 7
Marianne B. Welzel
Auf der Höhe 7 b
32051 Herford
0 52 21/93 09 40

West 8
landscape architects & urban planners
Wilheminakade 68
NL 3007 DH Rotterdam
00 31/10-4 85 58 01

Sampo Widmann
Prof. Dipl.-Ing. Architekt BDA
Mittererstraße 3
80336 München
0 89/5 38 95 26

Christine Wilford-Kirchner
Dipl.-Ing. Architektin
30 Spencer Rd.
East Molesey
Surrey KT8 OSR
England
00 44/1 81-9 79 30 03

K.-D. Zimmermann,
Dipl.-Ing. Architekt
Gesine Schindler-Zimmermann,
Innenarchitektin
Meenkwiese 39 b
20249 Hamburg
Te. 0 40/51 00 47

SACHREGISTER

Acrylglas *57, 59*
Altbau *20*
Aluminium *50, 52, 73*
Angebote *64f*
Architektur *42 f*
Ausbau *70 ff*
Ausführung *72 ff*
Ausstattung, technische *60 f*

Bauabnahme *72*
Baubehörde *47, 50*
Baukosten *39*
Belüftung *34, 50, 66 f*
Bepflanzung *60, 76 ff, 105, 108, 148*
Beschattung *31, 62 ff*
Bewässerung *60*
Bodenbelag *68, 70*

Dachausbau *21, 72*
Draht- oder Ornamentglas *54*

Eigenleistung *41*
Einfachglas *54*
Einrichtung *70 ff*
Einscheibensicherheitsglas (ESG) *54, 56 f*
Energiebilanz *32, 46, 50*
Energiekosten *30*
Energiesparhaus *14*
Entlüftung *34, 50, 66 f*
Entwurfsplanung *42 f*

Flachglas *54*
Funktionsgläser *54*
Frostschäden *35*

Geschosswohnungsbau *45*
Gewächshaus *21 f, 40, 59 f*

Gewährleistungsfrist *41*
Glas *54 ff*
Glasanbau *21, 56, 70, 76*
Glashaus, temperiert *13, 38, 78*
Glashaus, unbeheizt *13, 18, 38*
Glasreinigung *73*
Glasscheibengröße *57 f*
Globalstrahlung *28*
Gussglas *54*
g-Wert *54*

Heizung *68 ff*
Holz *50, 52, 73*

Isolierglas *34, 45, 50, 54 ff, 58*

Klima *38*
Klimazonen *13 f*
Konstruktion *50 ff*
Kosten *38, 42*
Kunststoff *50, 52 ,73*
k-Wert *54*

Lärmschutz *21*
Luftfeuchtigkeit *42, 60, 70, 80*
Lüftungsklappen *60, 104*

Material *52 f, 54 f*
Mehrscheibenisolierglas *56*
Mikroklima *30*

Neubau *22 ff*
Nutzung *38*
Nutzungsanspruch *38*

Panzerglas *56*
Passiv-Solar-Haus *28 f*

Permanententlüftung *66*
Pflanzen *13, 37, 76 ff*
Planung *14, 18 ff, 20, 38 f*
Pufferzone *13 f*

Schädlinge *37, 80, 82*
Schwitzwasser *31, 34, 50, 56*
Serienmodelle *41*
Sicherheitsgläser *54*
Sonneneinstrahlung *45*
Sonnenenergie, passive *14, 38, 45*
Sonnenhaus *13, 25*
Sonnenschutz *50, 60, 62, 73*
Sonnenschutzglas *92*
Stahl *50, 52, 73*
Standort *45 f*
Systemwintergärten *41*

Tauwasser *34, 50 73*

Überhitzung *34*

Verbundsicherheitsglas (VSG) *56*
Verglasung *38*

Warmhaus *19, 78*
Wärmeschutz *14, 31, 65, 68*
Wärmeschutzglas *54, 56*
Wärmeübertragung *28*
Wartung *73*
Wintergarten, ökologischer *13, 18, 38, 78*
Wintergarten, Wohn- *13, 18*
Wohnqualität *21, 38*

Zwischentemperaturbereich *18 ff*

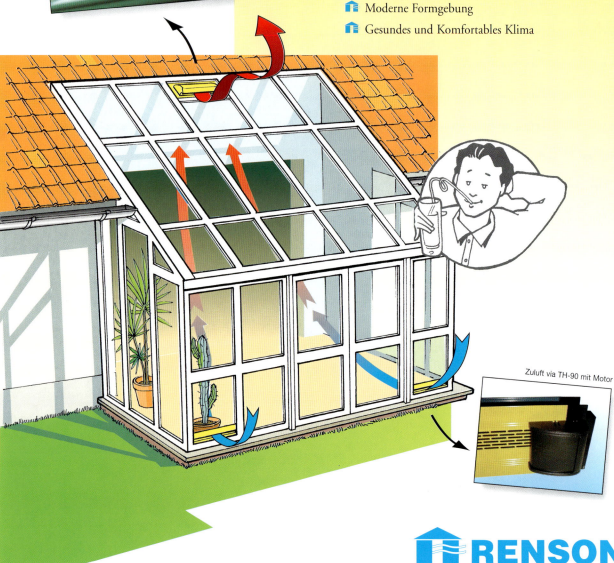